隱藏的說客

一名經濟學家與台灣經濟安全、公平、成長的探索之旅

洪財隆
——著

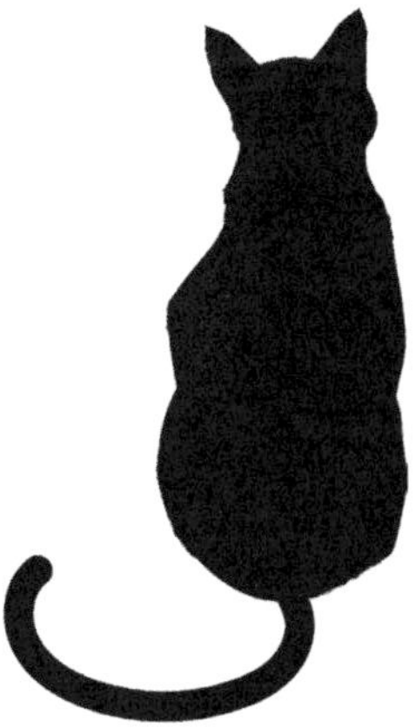

獻給林世煜（1953-2022）和胡慧玲伉儷

他們不擁有卻擁有很多

是我勇氣的來源

隱藏的說客

經濟學家也能用文字和思想

踏著浪漫優雅的步伐

為社會提供有趣又有用，思考共善的參考點

目錄

推薦序
用幽默和膽識鋪梗的經濟學家／賴秀如 009
經濟學也可以津津有味／周鉅原 017

自序
一個容易入戲的人 023

I 主筆之夢

專欄一：政府的經濟角色今昔有別 043

II 國家經濟安全

一、此身雖在堪驚——見證一場ＥＣＦＡ政治除魅 046
二、高通案與「上帝之手」 059
三、節制中國擴張的「二次機會」 072
專欄二：經貿政策安全化 083
四、疫情經濟學：疫情考驗經濟政策 086

III 公平與公平會經驗

一、何以應該在意公平這件事？ 096
專欄三：法國「黃背心運動」與能源「公正轉型」 108
二、公平會三大角色迷思（想像有一場導覽） 111
專欄四：獨立機關與現時偏誤 130
三、平台新聞付費——澳洲創舉和紐西蘭模式神髓何在？ 133

四、平台經濟學與數位治理處方 144
專欄五：預設選項妙用無窮 153

IV 為共善而生

一、來自法蘭西的浪漫——皮凱提和他的「經濟民主化」邀請 166
二、好的政策未必討好——經驗提洛爾的知識魅力 178
三、滿手思想火種的赫緒曼 183
四、行為經濟學的第一課：當史巴克遇到荷馬辛普森 189
專欄六：胡蘿蔔與棍子之外 202
五、行為經濟學的第二課：認知、情緒與脈絡如何影響決定？ 208
專欄七：普丁與「過度樂觀」偏誤 225
六、行為經濟學的第三課：損失規避、馬基維利與脫歐之戰 229
專欄八：衛生紙之亂（二〇一八） 240

後記

經濟學家並沒有證照可拿 243

推薦序

用幽默和膽識鋪梗的經濟學家

賴秀如（中央廣播電臺董事長）

這是一個童心未泯的頑童，進入公共經濟領域的冒險故事。

說故事的人是個經濟學家、公部門官員。但他既不像當前主流的經濟學家老把數字、模型，和各種計量公式掛在嘴邊，也不像許多當紅政治人物，不是在媒體曝光，就是在國會舌戰。作為一個天秤座的經濟學家，他總是在安全、公平和發展三者之間來回推敲與斟酌；作為一個當代台灣的經濟學家，他更得從全球化與中國經濟崛起思考兩岸經貿關係，以及台灣的未來。

我在二〇〇二年夏天初識財隆，當時他剛從奧地利學成歸國，短暫加入台灣智庫後轉任台灣經濟研究院研究員。同時期從美國返台的我則投入義美旗下的 Taiwan News，財隆成為我經常請益的良師益友。爾後我們又不約而同成為林世煜、胡慧玲伉儷的水晶公館食客，酒足飯飽之餘各言爾志，才知道成為社論主筆，是青年洪財隆的心願。

二十年後財隆晉升為中年大叔，美麗新世界被網路和社群媒體掌控，認真閱讀社論的人實在不多了，但他依舊不停地振筆疾書，初衷不變。自古至今，讀書人難免因文賈禍，野百合學運世代出身的財隆也不例外。二〇〇九年他因為多次發文逆風抨擊ＥＣＦＡ政策而被迫離職。離開台經院的財隆不改其志，繼續寫文章，希望寫成一本專著，藉此把話說清楚、講明白，沒想到完稿之後還是束之高閣。

當時雖然職場不得意，但財隆對政策論辯依舊懷著知識分子的熱情。二〇一二年中共十八大開啟了習近平的接班之路，他應蘇貞昌主席之邀，進入民進黨中國事務部，著手擘畫新的兩岸經貿往來論述。二〇一四年太陽花學運，政局轉向，民心覺醒，財隆也重新整理過去多年來對自由貿易與區域經濟整合風潮的思考，在二〇一七年出版了《邊緣戰略：台灣和區域經濟整合的虛與實》（允晨出版）。

政策熱情未曾稍息

十五年磨一劍的《邊緣戰略》一書，可以說是洪財隆的社論大全，有思考，有論述，有態度。六年後財隆推出新作，不僅一一爬梳這幾年他對重要政策的思辨、數位平台的治理處方，以及他從舊愛（傳統經濟整合理論）轉到新歡（行為經濟學）的學思過程，還多了他自己現身說法。熱情依舊，但風格煥然一新。

私心認為，這是一本給高中生和大學生的本土經濟學通識教科書，不僅有故事，有個案，有嚴肅的哲思導讀，有幽默的神話和笑話，讓人愛不釋手。然而，若由我的歐巴桑經濟學角度來看，這本書物超所值，讀者只需花一本書的價格和時間，就可以享受到三本書的內容。

從本書的三大架構來看：「國家經濟安全」可說是一本戰略與策略並重的國政白皮書，「公平與公平會經驗」是本超級好看的微自傳，「為共善而生」更結合理念與現實，展現當代經濟學家難得的核心價值。這三本書分開來賣，一點兒也不意外，現在竟然被經濟學家整合成一本書，果然經濟實惠！

更重要的是，本書內容宏觀縝密卻不賣弄艱深，更多時候你會覺得作者其實是個童心未泯的頑童，再怎麼嚴肅或嚴重的議題，他總是帶著一臉靦腆的笑容和洪氏幽默向你娓娓道來。

前兩年，各界對於疫情肆虐帶來的經濟困境，政府到底該發振興券、消費券或現金才能提振買氣，吵得沸沸揚揚。他用非常吸睛的標題撰文提醒深陷口水戰的大家：不論是三倍券或振興券，能夠點燃「慾望之火」才是好券。既然要點燃「慾望之火」，這位仁兄卻又淡定地說：「台灣防疫成功，讓消費者敢出門消費，本身就是一項相當優異的經濟振興作為。」

洪氏幽默又不忘提醒大家：「當歐美和不少疫情比較嚴重的國家討論的是如何『解除封城』或『逃脫策略』，台灣尚有餘裕爭辯現金、消費券或振興券的利弊得失和政策細節，堪稱是一種幸福。」

但是身在福中不知福的名嘴網紅還是爭論不休：政府發錢應該雨露均霑或應排富濟貧？到底怎樣才是公平？財隆的見解總是直指問題核心，而且持之有故：「發放這些券那些券，乃屬於總體經濟學的概念，所以不需要刻意排富。」他又說，發放現金最直接了當成本低，但是未必能帶動消費，提振買氣以帶動經濟。

洪氏幽默有個特色，就是有時候鋪梗會鋪很久，書中他自己承認了，這兒再舉一例，應有助於瞭解其為人和文風。

二〇一八年夏天，身為公平會委員的財隆竟然膽敢在私人臉書上開地球公開（並似有嘆息之聲）地說，他搞丟了一個「獨董」機會。友人皆驚，馬上正襟危坐，拜讀他的臉書貼文。這段故事實在太過精彩，經由同意，把財隆的這則貼文內容逐字轉述如下：

「日前國內某知名基金會執行長和我聯繫，詢問我是否願意擔任他們的董事。感謝厚愛之餘，我按捺住心中的竊喜，表示將會好好地來思考這件事，特別是必須先取得（公平）會內的同意。轉知之後，聽說會內主管迅速召集了包括人事各部門，仔細研議此一兼職是否符合規定，也備妥各種方案。眼看事情總算有了眉目，綠燈在望，只欠一紙聘書，所以問了問基金會執行長，何以聘書遲遲不來？「蛤，聘書？你不是說：這次先不要！」

啊……（我的嘴巴張得好大）

不久前執行長確實再問了我一次，但他同時也邀我參加基金會兩天後將召開的董事會。當時我心想，我又還沒正式成為董事，所以真的回了一句：這次先不要！就是這句話讓我錯失了此一「獨董」機會。

對了，這個基金會是個獨派人權團體，故簡稱其董事為「獨董」。

臨事不避且不改其樂

各位讀者請跟我一起，帶著閱讀《頑童歷險記》的心情來閱讀這本書吧。當年馬克・吐溫描寫一個機靈的孩子，他追求自由，到處冒險，藉此帶著讀者認識十九世紀末的美國社會和風土民情。現在，「直狂於世，臨事不避」的財隆，即使渾身滿是傷疤累痕，仍保守著一份純真與誠摯。議論時政，眾人皆不堪其憂，他卻不改其樂。一個個案例，你都可以看到他力挽狂瀾、獨排眾議的巨人之姿，以及對著讀者眨眼而笑的頑童之態。

其中，最讓我大開眼界的是高通案。二〇一七年十月十一日，公平交易委員會（簡稱公平會）以高通違反公平競爭、濫用市場支配地位為由，裁罰兩百三十四億台幣，創下公平會國內裁罰最高罰金紀錄。二〇一八年三月，公平會又在七位委員中，四票贊成、三票反對的狀況下，宣布和高通達成「訴訟上和解」。此案在開罰的時候喧囂一時，和解的時候又引發熱議，當時最早力主和解，並且獲得公平會授權，擔任談判代表出面和高通斡旋，後來也促成高通落腳竹科深耕台灣的關鍵人物，正是公平會委員洪財隆。

就結果論，整個高通案過程曲折，既不違法，對公平會，對高通或對台灣社會來說，結局也堪稱圓滿。但此案歷經社會風波，引起國會質詢，監委調查，媒體熱議，要說圓滿也帶有問號。當年我在英國工作，遠端觀察更是霧裡看花，現在透過我國談判代表財隆現身說法，我才得以一窺堂奧。

高通案有跨國大企業的機關算盡，有我國公務員的步步為營，有國際專利授權的怪誕行規，有手機平板業者和晶片業者之間的技術大戰，更有美中角力和國安考量。要知道，對高通而言，打官司並不是什麼困難的事情，過去高通甚至不惜重金打官司，藉此向員工證明公司追求長遠發展的經營策略。相較於南韓的公平會，自從二〇一六年處分高通之後，雙方到現在仍在纏訟，不知何時才能走到終局，和解不失為一個理性的抉擇。

但洪財隆談高通案，不只是理性，也有文學和幽默。當年代表高通主責亞歷克斯・羅傑斯（Alex Rogers）是高通國際事務與科技授權總裁，此君不僅是國際經驗豐富的智慧財產權法律專家，更是深諳英國文學底蘊的談判代表，曾經在美國華府教授四年的歷史與文學。洪財隆形容他「遇到再困難或尖銳的問題，總是不慍不火，誠懇回答。這種深層、內蘊的說服力，才是真正高明的談判手腕」。遇到這種可敬的對手，面對的是新型態的專利模式，各派學說莫衷一是，再加上當時高通正準備把「全球營運與製造工程暨測試中心」移轉到東亞……。

這個案子當年真是內行看門道，外行看熱鬧。幾年過去，印證當前國際經貿局勢，實在不得不感謝上帝站在台灣這一邊。財隆在書中小標題寫下：高通案與「上帝之手」。原以為他是指上帝之手帶領財隆完成不可能的任務，在艱辛的談判中為台灣取得最佳利益，沒想到財隆講完這段故事之後又埋了一個梗：「當大家都束手無策時，如此聰明的想法，到底從何而來？我只能說，天佑台灣，這個獨立機關裡確實臥虎藏龍。」

身為財隆多年好友，我早知道他博學多聞，旁徵博引，想像力極為豐富，從愛麗絲夢遊仙境到張愛玲，什麼都可以和經濟學連連看。據此我確信，公平會裡頭臥虎藏龍，其中必有一「ㄌㄨˊㄥ」是本書作者的身影。

二〇二二年十二月十日於台北圓山

推薦序

經濟學也可以津津有味

周鉅原（紐約市大學經濟系教授）

晚近經濟學的研究方法上，強調量化、採用數理的模型，再加上電腦軟體的應用，對經濟學的發展有很重要的貢獻。因為透過新的研究工具，可以將一些經濟學的理念，用數學符號更加清晰、詳盡、準確地表達出來，並且對一些過去沒有辦法計算出來的東西提出解答。例如在一般均衡下的聯立方程式，過去只能寫出一個理論性的結論，現在都可以運用電腦的軟體，輸入相關的統計資料計算出來，得到精確的答案。

但是在另一方面，現在一般經濟學的書籍，對不懂數學、統計的讀者而言，卻變成一門非常深邃但索然無味的學問。幾乎絕大部分的學術期刊，都是琳瑯滿目的數學符號、聯立方程式和統計圖表，以至於對一般不懂數學的讀者來說，經濟學的書籍和期刊好像天書一樣，這是非常遺憾的事情。

在學術界，多數經濟學者的精力都投入在發表學術期刊的論文，尤其是要能夠進入「社會科學引文索引」（social science citation index），很少有經濟學者願意用平鋪直敘的文字，寫他們的學術論文。因為這種文章，很難進入ＳＳＣＩ的期刊，發表這種文章無法得到學術記點（credit）。在這種情況下，一般讀者不容易找到一本他們容易看懂的經濟學書籍。但是有關國計民生經世濟民的經濟學，不應該只是經濟學者的專利，而應該讓一般的社會大眾都可以瞭解。這樣子他們才曉得一個國家的經濟，仍至於世界經濟是怎麼運作的。我認為讓更多的社會大眾瞭解經濟學，是一個公民社會應該廣為推展的事情。

這一本《隱藏的說客：一名經濟學家與台灣經濟安全、公平、成長的探索之旅》，作者洪財隆博士一改一般經濟學者的作風，用很淺顯而且通俗的文字寫出經濟學理論在公共政策方面的實際應用，以及他個人在不同的職務當中，所經歷的經驗和心得。這本書的題目包括了經濟整合、兩岸產業的連結、公平交易委員會的案例分析，以及最新發展的行為經濟學，內容難得一見，是很值得詳細閱讀、深深體會的一本好書。

不看風向的經濟學家

我個人一向是以文會友，認識洪財隆博士應該是二〇〇七、二〇〇八年我在台大經濟系客座的那段時間。在一次學術的研討會上，我看到他用兩個大小不對稱的同心圓圖表，說明了台灣和中國經貿交流，以及兩岸經濟整合的種種可能後果。

當時正是各界趕著搭「北京列車」的時候，除了民間的廠商搶著先鞭，紛紛投資中國大陸，並且一再要求政府更加開放對中國的投資，而媒體也為工商界搖旗吶喊，「以民逼官，以商圍政」。所以台灣對中國的投資，一再升高，有些廠商甚至連根拔起，將全部的生產基地移轉到中國。在這種氛圍之下，實在不易看到像洪財隆博士如此的分析，所以教人印象深刻。之後我們的互動相當頻繁，後來在「海峽兩岸經濟合作架構協議」（ＥＣＦＡ）辯論的時候，經常交換彼此的文章，相互切磋，然後才發表出來。

二〇一〇年，我以「全美中國研究協會」（American Association for Chinese Studies, AACS）執行長的身分，邀請他前來美國參加ＡＡＣＳ的年會，在會上發表有關兩岸經貿關係的論文，並且和國際學者針對兩岸經濟整合的發展，彼此交換意見。會前會後，他也在幾個大城市的台灣僑社，對關心台灣的台美人說明兩岸的經貿關係。

擔任維護市場公平競爭的守門人

為了堅持他的原則，後來他不得不離開原來的工作崗位。中間的轉折，他在書中已經交代，就不必多言。上一次遇見他是在二〇一九年「北美洲台灣人教授協會」的休士頓年會上，教授協會邀請他前來與會，主要目的是要嘉許他在ECFA爭議期間對台灣的付出。政黨第二次輪替之後，他被提名為公平交易委員會的委員，關於這個職位的工作，書中也有描述，尤其是有關高通案的處理。

經濟學除了講求效率之外，也必須講求公平，但是這兩個目標有時候並不一致，甚至相互衝突。在民主的社會，政治市場上是一人一票、票票等值，但是在自由競爭的市場上，則是一元一票，鈔票的數量掌控市場的動向。

所以，在市場競爭的經濟體制之下，政府扮演的角色就是要維持公平競爭的環境，讓優秀的企業人才能夠充分發揮他們的幹勁——凱因斯所說的「動物本能」（animal spirit）。

就消費者和供應者而言，由於產業結構的影響，供應者這一方有可能居於獨占或者寡頭壟斷的地位，產業組織的結構非常堅強有力，而消費者即使組成消費團體或者基金會，相對而言仍無法和供應者抗衡。所以政府部門必須要有一個單位來執行公平競爭的原則，公平交易委員會必須是一個獨立運作的機構，公平交易委員會的委員，才能夠發揮他們的角色來完成公平會的任務。

比起一般政府的部門，經濟學者在這個工作崗位上，比較能夠有所表現，不必因為政策和學術理論的衝突，為五斗米折腰，而喪失了學者的人格完整，或者慨然引退、壯志未酬。

當然，也有少數學而優則仕的經濟學者，像姜子牙遇伯樂，能夠得到長官的信任和社會大眾的支持，而將自己的專長和理念付之實施，而且達到經世濟民的宏願。我相信以財隆的學術基礎、勇於任事和堅持原則的精神，一定會有很好的表現。

持續求新研讀行為經濟學

經濟學固然由於模型化的需要，對人的行為假設也必須予以高度簡化，但歷代也有不少質疑，特別是近來相當突出的行為經濟學。另外，數位平台的網絡經濟現象，更對經濟政策和數位治理帶來許多挑戰。財隆博士在繁忙的公務之餘，仍然不斷看書研究，對當代行為經濟學和平台經濟這兩大領域都著力甚深，並且將歷年的經歷和研究，寫成這一本書。這對於在政府部門服務的經濟學者而言，實屬難得。

承蒙不棄，在他的大作完成之後，索序於愚。因知音難得，且為了將經濟學推廣給社會人士，仍不自量力為之序。希望這一本書的出版，能夠幫助一般的讀者更加認識經濟學。也希望將來能有更多對經濟現象既有深度分析又通俗可讀的經濟書籍出版於世。

二〇二二年十一月八日於紐約市

自序

一個容易入戲的人

我是一個經線民認證，喜歡看書的人。

二〇二〇年九月我到促進轉型正義委員會走了一趟，成為過往「政治監控類」的第七十九號閱卷者。

計畫研究人員告訴我，被監控期間（一九八六～一九九一）的檔名掛在「安苑專案」之下，大概有一百六十頁。我一時會意不過來，望文生義暗暗自喜，想說我不正是彰化「芳苑」人嗎？竟然有人為我特設專案。後經深諳那段歷史的前輩提醒方知，這個專案其實是八〇年代調查局為「安定學苑」而佈建的計劃之一。

檔案內容不外是當年參與社團（新聞社、校刊青年社）、辦地下刊物《春雷》、校內外爭取言論自由，乃至校際學運串連等資料和照片。勾起一些青春回憶之餘，讓我眼睛為之一亮的，除了有一封我寫給當時《自立晚報》總編輯的信之外（希望報社針對校園民主舉辦座談會），再來就是看到一份「親蒐」等級的「密告」。

洪生現任「法商新聞」負責人，性喜閱讀。缺點是不專心、愛胡思亂想。

這位曾在我身旁，悄悄觀察我的另類「密友」，不管出於何種原因必須做這樣的事，心地也許不壞，否則不會只交這種好像交差了事的報告內容吧。雖然對我的描述還算中肯，但說我不專心一節恐怕有待商榷。我應該是一個容易入戲的人。

記得地點就在福隆，那件發生在大學迎新之夜的事，也許能當佐證。那是系上助教對我們所做的心理測試遊戲。他要班上一共十來個同學，圍著海邊沙灘上的篝火，手牽著手，然後閉上眼睛。「闔眼夠久、想得夠虔誠，就會有一件好事發生。」助教故作神秘地說。

當時我是真的相信了，所以沒太多遲疑就跟著大家閉起眼睛。除了海浪聲之外，過了好一陣子安靜時刻之後，我聽到身旁陸陸續續傳來笑聲。此時才突然驚覺，原來這是捉弄新生的遊戲，而我是這群新生當中，最後一個張開眼睛的人。

我常在想，是不是因為這樣，所以我至今還能寫作。

「進入公共領域的冒險」

二〇一七年二月我到公平交易委員會（以下簡稱「公平會」）服務，人生歷練和寫作篇章從此更加豐富。我看到公權力的規範力量、獨立機關嚴謹的運作模式，更近身觀察到「公務人員」此一「人種」（species）的思維模式和有趣的地方。和民營企業以「利潤」作為行為動機或實質限制大不相同，公務機關講的是法定任務，按理更是公共利益的守護人。

本書主要的內容和構想都是在這段期間發展並完成。寫作風格也和以往稍有不同，而有更多「我」的現身「說法」。〈主筆之夢〉這一章描繪了早年的學思過程，也預示了一位經濟學「游俠」的產生和命運。因緣際會，不少書中提及的事件我都親身參與，甚至曾在風波中站在第一線，例如兩岸經濟合作架構協議（ECFA）論戰、高通公司（Qualcomm）的處分及和解案，這兩件事情都對台灣影響深遠。特別值得一提的是，說來荒唐但有趣的衛生紙之亂（二〇一八年），我也不遑多讓，平亂有功。

人類的主要關懷不外安全、公平和經濟成長（效率、治理、繁榮）這三大主軸，台灣也不例外。尤其是疫情爆發、俄烏戰爭，以及中國在習近平統治下，對內集權，對外擴張，日益成為區域和台海和平穩定的最大威脅之後，安全關切更勝以往。所謂安全，廣泛而言，也包括個人和家庭層次的經濟不安。

這些關懷其實也是我向來據以為文、評判與評價政策好壞的標準，甚至是我的行動信念。安全是發展的前提，發展更是安全的基礎，自不待言。重點在於，公平和成長都是發展的一部分。至少就何謂公平這件事來說，不僅是古老的爭議，更是言人人殊。

公平正義能否作為一種客觀存在？我不知道。但寧願相信那是一種文明（在某些領域甚至可發展成權利），而愈是文明的社會，愈重視此一價值。這幾年在公平會的執法經驗，也讓我對公平理念有更多的實踐和思辨機會，〈何以應該在意公平這件事？〉以及〈來自法蘭西的浪漫〉等篇即是心得。

公平會就是國際上所通稱的競爭法機關，職司市場競爭秩序和廣義的消費者權益保護。除了聯合行為和不實廣告之處分，以及企業結合（併購）管制等重大案件比較容易有新聞之外，外界對這個政府單位並不是很瞭解，甚至抱有不少迷思，對於機關名稱、物價管制和獨立合議機關的設計宗旨等等都不甚清楚。由於擁有主場優勢，我特別在本書做了一場公平會導覽。

「讓市場及其運作為人民而存在。」（Making markets work for people.），這是法國經濟學家、諾貝爾經濟學獎得主提洛爾（Jean Tirole）對競爭法機關的高度期許。

近年來數位經濟興起，谷歌和臉書等科技平台的非傳統營運模式，不僅引發競爭疑慮，更對競爭法機關帶來許多挑戰。平台經濟學的特色為何？數位廣告市場和新聞合理議價（付費）等議題，如何獲得解決？各界都很關心。

就像月亮有光輝皎潔的時候，也有其黑暗面。隨著營運規模和範圍日益擴張，技術不斷翻新，跨國科技巨擘對人們日常生活的穿透，以及既有秩序的顛覆力，卻也逐漸教人心生敬畏。各國皆然，面對方興未艾、跨領域（競爭議題、消費者保護、隱私權或數據使用）的數位治理問題，競爭法機關莫不扮演積極角色，如此一來方能事半功倍。

可惜目前台灣的政策注意力似乎並不在此，加上往往陷入「管制會妨害發展與共榮」（實則互補）的迷思，以致對數位平台的法制規範遠遠不足。長此以往，絕非國家社會之福。躬逢其盛，我也為文表達看法，在本書提出我的觀點。

至於「進入公共領域的冒險」，是因不久前看到漢娜・鄂蘭（Hannah Arendt, 1906-1975）一再提及德國哲學家雅斯培（Karl Jaspers, 1883-1969）的這句話，深有所感。能夠參與並推動公共事務，的確有其浪漫之處，更是上天賜給人的一份禮物。

加入行為經濟學的視角

如果問我，這幾年下來最值得一提的成就是什麼？我會毫不遲疑地回答：二〇二二年的年初參加西洋棋國手選拔，竟然得以挺進複賽。即使最後未能進入決賽，但對我這個業餘的愛好者（隸屬於黑馬棋社）來說，已經是很大的榮耀。

其次是透過演講、寫作、參與群組討論，分享我對行為經濟學的體會，而且或多或少也激起些漣漪。後來有幾家出版社還曾主動寄來相關新書，希望我幫忙推薦，甚至撰文導讀。

這應該就是行為經濟學者，保羅．多倫（Paul Dolan）所說的幸福吧。有意識地去從事、推動某件事情，也就是具有目標感，並從中得到樂趣。

對我來說，接觸行為經濟學之後，思考清朗許多。藉由這門引入頗多心理學元素的新興學問，一舉刷新既有的知識架構，可說是一件很過癮的事。本書不少篇章都加以應用，包括意識到公平與否（公平意識）如何影響人們的決定、疫情期間政府發放振興券的效果、「預設選項」的妙用（數位平台與公共政策），乃至國家設置獨立機關（央行、公平會）的承諾與誘惑等等，行為經濟學都提出了別出心裁的觀看角度。

研習傳統經濟學多年，對這套基於嚴謹的公理假設，奮力解釋經濟現象的學問，至今仍然覺得有其魅力。特別是邊際法則、機會成本、誘因機制，乃至成本效益分析等經濟思維，都是非常犀利的思考工具。比較利益（貿易理論）和公共財（財政學）這兩大概念，更是經濟學對人類知識體系的重大貢獻。

不過，傳統經濟學也有其限制。尤其是針對消費者（偏好穩定、只看重物質利益）和廠商（利潤極大化）諸多過度簡化的假設，和現實狀況的確頗有差距。人們的判斷和決定，往往更容易受到「有限理性」、「框架脈絡」和「情緒作用」的影響，亦即可能出現「人的失靈」。而研究這些正是行為經濟學的強項，剛好可以彌補傳統經濟學只探究「市場失靈」的不足。

雖然坊間關於行為經濟學和推力的書已經不少，但相信近年來我對此一新興學門的探索，仍具參考價值。甚至，本書的書名「隱藏的說客」（hidden persuader），也和此一脈絡有關。在西方學界，隱藏的說客原指廣告，亦即藉由提供文字、影像和符號來推銷商品或服務。我則將之引申為透過寫作來推銷理念和想法。此外，年輕時候夢想成為一名報社主筆，不也正是另一種隱藏的說客，默默為社會提供有趣且有用的參考點。

最近重新翻閱凱因斯《預言與勸說》（*Essays In Persuasion*）一書的作者序，發現裡面有些話還真教人觸動，相關語法後世更是不乏仿效者。世局變化、人生幻化，在此特別援引如下，算是回應年輕時候走向經濟學的那一份初衷。

> 要努力讓經濟問題退到後座，不再困擾我們——這當然不容易，因為現實世界一直都存在著短缺、貧窮，乃至階級和國家之間的經濟鬥爭。如此一來，人們才有更多的力氣去回應真正重要的問題，亦即關於生命、人群關係、創造與信仰。

最後，能夠成書要特別感謝木馬文化社長蕙慧姊的賞識和邀請、衛城總編輯惠菁的寶貴意見和鼓勵，以及責任編輯立恆的耐心討論和協助。紐約市立大學經濟系周鉅原教授和央廣賴秀如董事長，一為前輩、一為多年好友，謝謝他們百忙之中慨然賜序，為本書增光。

書的內容不敢說絕無疏漏，但對一個整天喜歡和想法、文字玩「摔角」的人來說，如何把事情說得通又說得漂亮，這份誠懇肯定是有的。

I 主筆之夢

讀書識字之後，閱讀就成了一件再自然不過的事，特別是後來真的成為一名知識工作者，和文字、符號為伍，乃至辨識並運用抽象的概念，可說無日無之。比較幸運的是，一直到現在我仍然單純地喜歡閱讀，尤其是沒有太強的工具性和目的性的那種。

這一份單純，其實得來不易。首先是好奇心必須歷經從小到大、學校內外各種考試的折騰而沒被扼殺（「教育的目的在於防止學生成為獨立自由的個人」，赫曼．赫塞如是說）。更大的挑戰則是如何安度各階段生命的起伏，以及面對日常生活的消磨與工作壓力，卻依然手不釋卷（哈利路亞）。

閱讀經驗可以很平常，也可以很神秘。字裡行間，有趣的段落和想法往往足以引發焦灼、渴望與共鳴，相信這也是書本和想法得以代代相傳，甚至生生不息的根本原因吧。

但對我來說，展書把讀時的那份靜默，搭配著眉頭輕鎖，無論是自己或別人所有，都是極其美妙的時刻。願如此場景在台灣四處蔓延。

希臘神話裡有很多性格原型，總能為我們帶來啟示。也許是我自己生性中帶有一份調皮，所以對天神宙斯的兒子荷米斯（Hermes）最有感覺。荷米斯穿著一雙飛鞋，是個神差、傳訊人。最好玩的是，他剛出生沒多久就能憑己力爬出搖籃流浪去，還會自己做玩具。

「還會自己做玩具」，當初在書裡看到這句話，就深獲吸引。我們一輩子率多受益於家族、社會的種種安排，然而最有生命力的部分，往往是奮鬥過程中的掙扎痕跡，因為那裡隱含著自主性和某種意志，也因此讓人有所不同。

自己在高中、大學的智識快速成長時期，也曾經因為閱讀和主動探索，而有過一段如今想來，仍會覺得微苦帶甜的自我鍛鍊經驗。

受「王蔣論戰」影響

一九八〇年代初期我從彰化鄉下到台中念「省一中」。如大家所知，這是中部地區首屈一指的明星學校，師生素質均優素有傳統。我後來常開玩笑說，我念的高中其實是一座「煉鋼廠」，和「鋼鐵是怎麼煉成的」比較有關。說穿了，其實就是一種嚴酷的選才競爭或生存遊戲。

記得高二班上大概有五十多位同學，但在升高三時卻留級了十四個（我則倖存），狀況極其慘烈，更不難想像考試和升學壓力之大。這群可憐的學子多數成天活在焦慮之中，普遍睡眠不足、面無血色，遑論閱讀課外讀物。

隨著聯考日近，當時和《中國時報》、《聯合報》並列三大報之一的《中央日報》，則是班上唯一能訂閱的報紙。加上其副刊「勵志陽光」，特別是對聯考作文很有幫助，所以常被國文老師鼓勵閱讀。

印象中是在高三上學期，這份報紙刊登了一系列經濟政策「筆戰」回顧文章。陣營兩邊則分別署名王作榮、蔣碩傑，以及其他參戰學者的名字和頭銜。當時這些名字對我而言當然都很陌生，後來才知道這是台灣經濟發展史上相當著名的「王蔣論戰」（一九八一～一九八二）。

這場論戰前前後後長達兩年，背景則和一九七九年「第二次全球石油危機」有關。那一年伊朗爆發伊斯蘭革命，導致原油價格大幅上漲和生產成本陡增，各國莫不苦於通貨膨脹和經濟衰退，依賴國際貿易日深的台灣也不例外。當年台灣雖然經濟已經慢慢起飛，但一方面制度化和自由化仍然普遍不足，另方面則是「台美斷交」（一九七九）後，國家首逢巨大危機挑戰，經濟政策何去何從？確實需要加以釐清。

更後來才明白，王作榮代表的是雄踞國內主流媒體所謂的「社論派」，以中時報系（含《工商時報》）和聯合報系為主，高舉政府應積極介入總體經濟管理的凱因斯主義。

凱因斯（John Maynard Keynes, 1883-1946）學說的要旨在於，經濟體系得以穩定運作和充分就業才是人民最大的福祉（移轉性支付等社會福利則是不得已），其它目標僅是其次。但凱因斯也曾警告，極端的所得和財富不平等與民主體制並不相容，可視為資本主義的重大缺陷。

凱因斯的經濟哲學觀主要有兩大基礎。其一，經濟體系運作是個循環流量概念（circular

flow），有如一座蓄水池。消費、投資、政府支出和出口是注入，儲蓄、政府稅收和進口則是流出，當水位流失或不足時，必須加以挹注。

特別是透過政府「赤字預算」（刻意增加非經常性支出並超過稅收的一種財政政策），創造「有效需求」以擺脫衰退，更是凱因斯陣營最鮮明的旗幟和處方。雖然鮮少人記得凱因斯曾建議，應在經濟成長時期設法維持預算盈餘，好讓景氣不好的時候，政府能有更大的財政赤字空間。

其二，不只是短期的幸福無法替代，短期的痛苦更應該透過政策盡力避免，特別是對人和家庭都會帶來深遠影響的非自願性失業問題，因為「長期而言，我們俱死矣」（In the long run we are all dead）。凱因斯這句名言廣為世人傳頌，其實後面還有一句話：「任誰都知道，暴風雨過後的海面上，一定會是風平浪靜。」此一時間視野和信念，也解釋了何以凱因斯會特別重視短期景氣循環之調控，而有別於深信市場自我調節機制的古典學派。

凱因斯的「貓喻」

一九三〇年凱因斯有一篇奇文——〈後世子孫的經濟願景〉（Economic Prospects for Our Grandchildren），是經濟學方家們的必讀，文中多處常被引用。例如：提出人類未來每天只需工作三小時（每週十五小時）的想法；經濟學家應具有「高超的專業能力與謙卑的態度」，有如牙醫專業之獲得尊敬。

不過，有一回看到作家顏擇雅小姐提及，凱因斯這篇文章最有趣的地方可能還是其中的「貓喻」。

「他所喜歡的並不是他的貓，而是他的貓所生的小貓；其實，他喜歡的也不是小貓，而是小貓的小貓。這樣一直推衍到底，他所追求的不過只是抽象的貓之本質或概念（catdom）。」

貓喻確實生動有趣，凱因斯其實是在藉以諷刺古典學派長期觀點的不著邊際。至於「王蔣論戰」中的另個要角蔣碩傑先生，時任政府智庫「中華經濟研究院」首任院長，本身更具有中央研究院院士身分，特別專精貨幣理論和國際金融，是個道道地地的「學院派」。

多年之後我到德國曼海姆（Mannheim）大學就讀國際經濟關係研究所。還記得第一堂課自我介紹後，教授就問我既然來自台灣，知不知道一位蔣先生（Herr Tsiang）？教授說他參考過蔣有關匯率決定的學術論文，深受啟發。這裡的蔣先生指的就是蔣碩傑。

經濟思想方面，蔣更是直接師承經濟自由主義大師海耶克（Friedrich von Hayek, 1899-1992），向來主張穩定物價優先，並應節制政府在市場的角色。主要理由在於，政府干預（例如人為壓低利率並分配信用給特定產業）往往導致通貨膨脹或扭曲資源配置，不僅會降低貨幣作為價值衡量的標準，更會讓資本家和金融業從中得利，有如「五鬼搬運」，造成社會不公。

海耶克屬於「奧地利學派」，其崇尚市場與規則的立論基礎，主要來自於知識論（市場遠比政府更能掌握在地與多元資訊）和個人自由等哲學層次。海耶克的思想深深影響了包括「芝加哥學派」在內等新古典經濟學。這些學派的想法雖然彼此親近但不完全相同，然而都反對凱因斯主義，這點倒是毫無懸念。

可以說，「王蔣論戰」本質上就是凱因斯和海耶克兩人「世紀之爭」（二十世紀）的台灣版，所爭重點則不脫政府干預和自由市場這類永恆對立。

相對於蔣的學術地位崇隆，一派謙謙君子的儒雅文風，王可是以「辣手寫文章」而名滿天下。王的口頭禪尚包括目光如豆、蒙古大夫，說起話來更是斬釘截鐵（甚少引經據典）、滔滔不絕（早年仕途不順遂也就不足為奇），確實是個相當有魅力的讀書人。雖然奚落他的人會說，其論點不過只是「半部凱因斯治天下」。

記得蔣碩傑有一次為文暗批對手的文章有如西漢賈讓的「治河議」，由於對水利學及黃河的水文資料都沒有研究清楚就信口開河，以致文章流傳愈廣，危害愈大。

高中時候雖然不甚了了論戰內容，但對那樣一種你來我往、針鋒相對的問題討論方式，卻深感震撼。主要由於當時台灣仍處戒嚴時期，政治議題諸多禁忌不用說，即使是一般公共議題的公開對話更是罕見。更何況此一論戰乃透過主流媒體為之，而且爭點和言辭交鋒都頗激烈，明顯帶有煙硝味（感情投入的緣故），所以看頭十足。

後來我鼓起勇氣，先在大學聯考時直接報名社會組別（我唸的是自然組），上台北讀了兩年法律系之後更降轉經濟系，再從大二唸起，以一種近乎一意孤行的方式和決心，朝當初所設定的目標前進，可以說主要就是受到「王蔣論戰」的觸發。心嚮往之，當時的我的確聽到節奏不一樣的鼓聲。

我知道我們這個世代有不少人因為那場論戰而投奔經濟學的行列，但對我而言，影響則不僅僅只是如此。因為我從此知道這世上有一種工作叫做「社論主筆」，聽起來就覺得好酷。天知道這對當時那位苦悶的高中生帶來多大的鼓舞，不知不覺間，甚至影響了他的大半生。

迷上社論寫作

社論（Editorial, leading article）因為代表報社或雜誌對某一事件的立場與態度，一般而言並不署名。通常會被放在報紙顯目的地方，而且方方正正地存在著，為社會默默提供看待事情的方式（參考點）和解決之道。

由於社論是一種「意見」（opinion），所以和比較接近客觀敘事及事實呈現的「報導」（report）並不相同。行文中如果一定要現身，頂多只是用「我們認為」此一集體口吻。對我而言，這些都充滿著神秘感。

上大學之後，初衷沒變，我真的就熱烈地懷抱起主筆之夢，而且很認真地規劃如何進行。所以往後幾乎所有的思考和行動都環繞在此一主軸上——如何成為一名好主筆。

比如說，積極參與校內新聞性社團，編報紙並找議題練習寫社論；報名校際新聞研習和寫作營（當時跨校活動只能由救國團主辦），認識第一線新聞從業人員，並詢問報紙的「方塊文章」究竟都是何人在寫、如何寫。

而且，因為要深入瞭解公共議題並具有敏銳的洞察力，所以要常去聽各種主題的演講。至於個人專業的部分則問題不大，因為盤算過，我所就讀的科系，無論是法律或經濟都已相當厚重，按部就班、持續深化即可，如果有必要可再去念個研究所。當時隱隱約約覺得，學位和頭銜似乎都可以強化文章的說服力。

最重要的是，要成為好的主筆，當然必須擁有出色的文字表達和寫作能力。如何淬練現代中文並讓文氣飽滿，更成為我當時的發展重點。歷任國文老師們常說，如要文字洗練和文氣飽滿可多看古文（例如《左傳》、《史記》等），尤其是唐宋八大家，所以我就陸續蒐購了好多版本的《古文觀止》，有空就「之乎者也已焉哉，安排得好作秀才」一番。

然而，古文吟哦多了容易食古不化，尤其是滋生文白夾雜的毛病最是可憐。還好，慢慢地知道當時最好的現代中文在兩個地方，一個是中文版的《讀者文摘》，另一個則是由美國東亞地區的使館策劃，介紹美國文化並翻譯發行的「今日世界文庫」。

有好幾年我常去光華商場和牯嶺街逛舊書攤，主要目的就是在蒐集這兩套叢書。還記得那些店面的燈光通常帶點昏黃，書和雜誌往往就成捆成捆地堆擺在地上，如果有特定的書要找，就像是在挖礦。當然，每有收穫總教人雀躍不已（如今這種感覺早被二手書網路拍賣市場所取代），而部分今日世界出版社的叢書，至今仍保存在我老家書房裡。

那段期間台灣的政治還沒解嚴，尤其是因為國會（立法院）尚未全面改選，仍不算是真正的民意機關，所以左右政策走向的關鍵並不在那裡；加上媒體的發行執照和張數（報紙僅限三大張）都被嚴格限制，大家的資訊來源有限，以致菁英報紙的社論，幾乎是所有關心公共政策者必讀，影響力相當大。當年的中時社論更是箇中翹楚，堪稱體制內自由派的言論重鎮。

不過，就在一九八〇年代中期之後，隨著台灣的民主化和本土化浪潮風起雲湧，公共議論的氛圍也逐漸產生變化，體制外的「黨外雜誌」遂一度成為不少人的言論英雄。這種體制內外言論市場競爭的熱鬧局面，一直到後來報禁、黨禁解除之後才改觀。

話說回來，就在我迷上社論文體寫作的那段青春歲月裡，有號人物絕對值得一提，即當年中國時報的總主筆楊乃藩先生（官拜台糖主秘退休）。作家焦桐曾有一篇專訪——〈飛筆寫一生〉，刊登在一九八八年的《文訊》雜誌，對其生平和如何走上評論寫作這條路，有很精彩的描述。

我聽過楊乃藩的大名最早是從高三國文老師那裡得知，說他家學駢體文並寫得一手漂亮文章。大一暑假由於參加跨校新聞研習營隊，終於親炙了一堂楊先生的「社論寫作」。多年之後，在我自己的部落格上，曾有過一段文字追記當年該堂課的場景和心情。

那是一件費勁的事
方塊文章的力量
此刻正與高采烈地講述著
最喜歡聽到的讚美是「乃公神勇」
疾惡如仇卻不失溫柔敦厚
台上年近古稀的講者
如此犀利又典雅的口頭禪吧
只有總主筆才有這種派頭
「豈有此理！」

十年來一共二十八篇才達陣（一九八七年）
力陳政府何以應儘速廢除票據法刑罰此一惡法
又如何振筆疾書
洗刷一名無辜女子的冤情
從被懷疑縱火、死刑定讞到無罪釋放
而「所為不為一人！」的話語又是多麼響亮啊
才大一的我
已經為這位方臉大耳
語調鏗鏘時
雙下巴還會跟著一起晃動的老先生所傾倒

斜槓主筆

即使歷經嚴酷的現實淘洗，上天並沒有完全收回我的五彩筆和年少情懷。在歐陸德語區留學六年拿到經濟學博士學位之後，曾在民間智庫「台灣經濟研究院」工作多年。那段期間除了常在報章雜誌發表署名文章之外，也幫過國內一家知名財經報紙寫了好幾年社論，以現在流行的話來說叫做斜槓。年輕時候的主筆之夢總算如願以償。

然而，隨著知識取得和新聞來源日益多元，加上臉書、Twitter、PTT等社群媒體興起後，傳統紙媒的影響力已大不如前，這當然也包括老派的社論在內。

雖然政府的經濟角色究竟為何？短期關懷和長期視野孰輕孰重？這些古老的話題每個世代都會有人提起。但無論是說法或語言，卻早已沒有當年「王蔣論戰」時，個個氣吞萬里、策論生風的那份豪邁和使命感。

儘管如此，年少時的主筆之夢，以及急於自我鍛鍊的那份天真和傻勁，每每想起仍感神奇。

專欄一：政府的經濟角色今昔有別

晚近經濟成長的動能，已從早期之強調「量」，亦即投資和勞動力投入，逐漸來到重「質」階段。例如創新研發活動，以及是否擁有良好的經濟治理和法規環境。

主要由於經濟結構逐漸成熟和多元，無形資產（智慧財產權）和數位經濟的重要性與日俱增，創造經濟附加價值的主要動力，更慢慢地從公部門轉移到民間部門。政府的經濟角色與過往相較，已沒有那般直接。即使如此，政府仍可透過協力、協調的引導式產業政策，影響國內的投資和生產內容。

有鑑於自二〇二〇年新冠肺炎疫情爆發後，除了對生命造成巨大損失之外，更是重創經濟活動。咸認政府應對公衛防疫等重大風險有所準備，以打造更安全、更能承受衝擊的韌性社會（resilient society）。

此外，透過聰明的經濟管制（regulation）和治理（goverance）來提升生產力、提供國家發展所需的基礎建設（含數位化），以及從事所得重分配，促進社會公平並確保人性尊嚴，才是現代國家比較擅長的領域，而且角色無可替代。

根據二〇一四年諾貝爾經濟學獎得主提洛爾（Jean Tirole）的說法，當代政府的經濟角色主要有：政府採購、立法與行政、金融監督與其他管制、簽署國際經貿協定，以及作為市場裁判（referee of markets）。

這裡的市場裁判尤指透過競爭法機關（即公平會）之執法，發揮規範市場的功能。重點在於避免企業濫用市場力、打擊不法聯合行為，以及審查企業結合申請，主要目的即在於捍衛消費者權益（購買力、選擇與品質），並確保市場競爭秩序與創新動能。

II 國家經濟安全

一、此身雖在堪驚——見證一場ECFA政治除魅

我這一生，因為「臨事不能自回」（蘇軾）的個性，難免要吃一些苦頭。

二〇〇二年我從歐洲回國之後，在台灣經濟研究院「APEC研究中心」找到一份幕僚工作，負責「區域經濟整合」等經貿議題。原本天真地以為，從此可以靠讀書寫報告維生，偶爾寫寫社論、兼兼課過日子。沒想到後來因為ECFA（兩岸經濟合作架構協議）一事，讓我在二〇一〇年到二〇一二年間，整整兩年兩個月沒有正職工作，險釀米缸見底。事後想起，那段經歷確實是人生一劫，而且「此身雖在堪驚」。

我的乒乓球友林生祥的「生祥樂隊」有一首歌〈風神一二五〉，把失業的人即使不失志，但回老家途中的那種近鄉情怯，表現得極為深刻。拜ECFA之賜，我也曾經體會。儘管如此，每當有人問起那段往事，我還是會分享以下這則笑話，以示瀟灑。

火災現場警鈴大作，很多人紛紛撤離，但見一輛消防車有如飛蛾撲火，逆勢疾駛趕

往火場。眾人驚呼之餘，嘖嘖稱奇。沒想到事後受訪的消防員卻說：「啊，其實是煞車壞了……」。

二〇二〇年五月時，有家雜誌社兩個年輕朋友到公平會來，說他們要做ＥＣＦＡ十周年專題，想聽聽我的看法。年輕人顯然事先做足了功課，對我過去那段期間針對ＥＣＦＡ的剖析和質疑都頗有掌握。還特別提到他們也發現「ＥＣＦＡ至今尚未向ＷＴＯ完成通報程序」，確實是一個帶有濃厚兩岸特色的玄奇協議，一如我當初的預測。

年輕人的來訪，除了勾起回憶之外，也讓我連帶思考另一層次的問題：ＥＣＦＡ這整件事情，對台灣的意義和影響究竟何在？

二〇一〇年兩岸簽署ＥＣＦＡ，包括十八項農漁產品、五百二十一項工業產品，以及金融業等少數服務業在內，同屬台灣這邊的「早期收穫清單」（early harvest list），簡稱「早收清單」。早收二字更預示著將會有後續談判，主要指貨品貿易協議（貨貿），以及後來引發「太陽花運動」的服務貿易協議（服貿）。

二〇二一年中國以檢出禁用藥物為由，禁止進口台灣石斑魚。和先前陸續被禁止輸中的鳳梨、釋迦和蓮霧等三項水果不同，石斑魚正是ＥＣＦＡ簽署後，台灣方面出口中國得以率先減免關稅的十八項農漁產品之一，因此別具意義。

當時的石斑魚養殖，作為ＥＣＦＡ嘉惠台灣農業的宣傳樣板（製造業方面則是工具機），確實因兩岸經貿關係熱絡而大受鼓舞，以致超過合理的養殖面積。就在那段期間，中國逐漸取代日本，成為台灣農產品外銷的第一大市場，並埋下出口市場過度集中的風險。

「早收清單」大概只占台灣對中出口總金額的百分之十六，以及整體對外出口的百分之五。主要由於規模有限，加上彼此互惠的關稅環境和新的產業秩序都已經成形，雙方政府理應都會希望這部分可以繼續維持下去。特別是對北京來說，保有一個和台灣不受政黨輪替影響的實質連結，並不是壞事。

ECFA魔法來源

話說回來，如果說目前ECFA已宛如一隻失去魔法的精靈，那當初的魔法從何而來？又是在什麼時候消失？何以消失？卻顧所來徑，從現在回看二〇一〇，稍加比對一下今昔大小政策環境的不同也饒富趣味。

說到ECFA的魔法來源，一切都必須從台灣發生第二次政黨輪替的二〇〇八年開始談起。先就兩岸來說，台灣的海基會和中國的海協會開始恢復中斷多年的制度性協商，雙方每年輪流舉辦「江陳會」，簽署多項合作協議。

如果說這些協議對台灣完全沒有幫助、甚至有害，並不公允。但以「海運協議」為例，由於兩岸行政體制與管制模式的差異，我方偏向「報備制」，中方則採「許可制」，所以看似內容對等的協議，實際執行之後便知，台灣無論是在商業利益或國家主權方面，都吃了極大悶虧。縱然如此，能夠開啟兩岸三通直航，確實深受民間歡迎。

上述這種議約模式和實際執行將對台灣不利的問題，一直要到後來的服貿協議才被真正發現並引爆開來。原因無他，在於服貿涉及人民的日常生活，經驗直覺會告訴人們哪裡不妥，並不需要太高深的學理。

此外，二〇〇八、二〇〇九年爆發全球金融危機，美歐日等大市場出現嚴重衰退，但中國經濟表現卻一枝獨秀，貿易與內外投資活動皆相當活絡，甚至一度有「中國盛世」之說。就在這個時候，台灣對中國市場出口依存度，則從二〇〇〇年的不到兩成五，快速攀升到四成上下。至於台灣對外投資的目的地，更逐漸集中在中國，二〇〇〇年時不過才三成五，到了二〇〇九年ＥＣＦＡ提出時則已經超過七成。

還是應了經濟學大師克魯曼（Paul Krugman）那句話，「貿易主要還是鄰居現象」，因為貿易分工離不開地理距離和運輸成本，尤其是經濟規模龐大而且快速崛起的鄰居，一如中國，更容易成為台灣的「天然貿易夥伴」。所以，宣稱ＥＣＦＡ與後續的貨貿和服貿協議談判，可以讓台灣進一步掛勾中國市場的論述，確實深具吸引力。

有趣的是，上述台灣對中國貿易和投資依賴的數據，從二〇〇九年至今大致維持穩定。

這一方面揭示，隨著中國經濟轉型和內需日益重要，兩岸產業分工的階段漸趨成熟；另一方面也隱含著，就在二〇〇九年前夕，台灣對中國的經濟依賴算是高峰。

上述這些條件在在都推升了當時洽簽兩岸經貿協議的熱度，同時也解釋了何以當年反對、質疑ＥＣＦＡ並不討喜。還記得當時有位參與談判的資深官員跟我說，ＥＣＦＡ有如上天掉下來的禮物，而「天與不取，必受其殃」。

中國相對於台灣的經濟優勢主要在於規模。但也就是因為如此龐大規模，加上過去四十年來，藉由對外出口作為經濟成長動能的模式，很容易成為箭靶，並導致美中貿易衝突日益惡化。

二〇一七年，當時的美國總統川普開始對中國「翻桌」，包括提高對中國進口產品的關稅，以及針對雙邊投資與敏感科技設限，即使是繼任的拜登也必須追隨此一政策，可說其來有自。

特別是後疫情時代，美、日、歐盟各國勢必加大力道，重組或調整關鍵產業的生產供應鏈，依目前態勢演變，兩岸經貿關係也會有所轉折。凡此，都已和ＥＣＦＡ簽署前夕的國際政經環境大異其趣。

二〇〇二年我到台經院任職，首要任務就是負責台日「自由貿易協定」（ＦＴＡ）可行性評估。在和日方交涉期間，深刻體認到台灣對外締結ＦＴＡ的最大障礙就是「中國因素」。

二〇〇四年我承接政府「中國和東協成立自由貿易區研究」的委託計畫，更明白了中國如何運用「架構協議」的簽署模式，特別是透過農產品的「早收清單」和「讓利」措施，逐步說服原先反對的菲律賓、泰國和馬來西亞等國改變立場。同時也瞭解了東協和東亞區域主義的發展侷限。

二〇〇五年我曾到日本「亞洲經濟研究所」（ＩＤＥ）客座數月，研究東亞區域主義。同時期的各國訪問學人多半去研究如何跟他國洽簽ＦＴＡ，深化彼此經貿關係，只有我在鑽研特定國家比如台灣，被排除在外或被邊緣化的不利影響。有一次聊起來訪目的，還惹得大家哄堂大笑。

「ＦＴＡ先生」

幾年下來，由於我對區域經濟整合的研究日深，薄名在外之餘，院內同僚更幫我取了一個「ＦＴＡ先生」的外號。

因此，當馬政府在二〇〇九年一月底正式對外宣布，兩岸即將簽署ＥＣＦＡ，而且說帖的關鍵字就是「架構協議」、「早收清單」、中國將會對台灣「讓利」等等。不難想像由於我對這道問題已經思索和準備長達七年之久，所以很快就做出「有效回應」並「獲得迴響」。

回應方式不外乎在報紙上寫文章、接受採訪、參加座談會、上電視參加辯論，最後甚至寫成專業論文，發表在國際期刊。論述範圍更涵蓋此協議在國際經貿關係的意涵（是否符合WTO規範）、對台灣經濟產業的潛在衝擊（尤指貨貿與服貿等後續協議）、是否加劇兩岸經貿不對稱依賴，乃至台灣在經貿外交被FTA簽署風潮邊緣化的困境，能否藉以突破等等，重要問題可說全無遺漏。

以ECFA來突破台灣對外簽署FTA的困境問題為例，當時我主要的回應論點包括：中國正在「請君入甕」（以經促統），而且邊緣化台灣就是其主要經濟戰略，怎可能只因為兩岸簽署ECFA就放棄？

換句話說，台灣在國際上愈被邊緣化，ECFA及其後續協議就能讓台灣經濟更加依賴中國市場，並進一步和政治議題（例如九二共識）連結的力道也就會愈強。這也解釋了，何以當時中國的涉台人士，在很多場合都對馬前總統把「ECFA和台灣對外洽簽FTA做聯結」的講法很不以為然。

由於我的講法不僅架構完整，更有理論基礎，兼具戰略和戰術價值，所以很快就成為當時質疑或反對ECFA的重要論述，並引起朝野注意和迴響。其中最大的迴響就是替自己帶來不少麻煩，最後在身心俱疲的情況下黯然離職。

台經院這個民間智庫，最主要的收入來源即來自於政府委託計畫，特別是在當時馬政府決意要推動ＥＣＦＡ的情況下，很容易就成為施壓對象。不管如何，ＥＣＦＡ的確改變了我的人生路徑。

時至今日，雖然ＦＴＡ風潮已過顛峰，但台灣仍應積極對外尋求貿易協定之簽署機會。新近傳來「台美二十一世紀貿易倡議」已正式啟動談判的好消息，雖然此一貿易倡議目前並未納入關稅減讓等市場開放內涵，更多的則是法規管制與數位貿易等治理議題，在我看來剛好符合台灣之所需。

主要理由在於，隨著數位經濟時代的來臨，健全產業發展已經更加仰賴智慧或無形資產、國內經濟治理品質和人才培育；加上地緣政治多所緊張，以及新冠肺炎疫情推波助瀾，不僅全球化稍見退卻，透過少數國家之間的談判協商以降低彼此關稅，或取得更優惠市場進入條件的傳統區域主義（即ＦＴＡ），也都逐漸式微。

ＥＣＦＡ為太陽花運動埋下引信

回到二〇一〇年六月二十九日的重慶。由於二〇〇三年六月二十九日中國和香港早已簽署類似協議（Closer Economic Partnership Arrangement, CEPA），所以選定這個日子顯然是精心安排。當海基會江丙坤董事長和海協會陳雲林會長代表雙方署名的那一剎那，會場杯觥交錯、閃光燈此起彼落，當時應該是萬萬沒想到，不出四年（二〇一四年），台灣會發生三一八太陽花運動。

一場震撼人心的運動必然是由很多因素共同促成，絕非偶然，亦即縱使世事難料也仍有跡可尋。從我比較熟悉的經濟整合原理、特殊的兩岸關係，以及安全和分配議題的關切更甚以往等角度切入，大致也能看出其中端倪。

首先，雖然ＥＣＦＡ順利完成簽署，但後續協議的談判和簽署順序卻出現亂流，不僅釀成馬政府執政災難，更讓其一路勢如破竹的兩岸統合進程受到重挫。

ＥＣＦＡ已經載明，兩岸同意在早期收穫的基礎上，於ＥＣＦＡ生效後六個月內就貨品貿易和服務貿易協議展開磋商。

按照經濟整合的自然順序，貨品貿易協定因為涉及關稅減免比較單純（邊境上貿易），所以應該優先處理。至於服務貿易協定則因必然會有投資和人員移動（邊境內貿易），政治和經濟社會都會比較敏感之餘，制度法規的調和更是重點，通常尾隨在後。

根據歐洲經濟整合經驗，貨品、服務、資本、勞工之移動能力，統稱為「四大移動自由」。其中，貨品和服務構成商品市場，資本和勞工則歸類為生產要素市場。愈往後面的經濟整合程度愈深，雖然預期利益愈大，但雙方所需的制度調和條件及調整成本也都愈高，政治上也因此更加敏感。更詳細的討論，可參考拙作《邊緣戰略：台灣和區域經濟整合的虛與實》。

然而，主要由於兩岸之間的貿易仍未正常化，特別是台灣仍有超過兩千項的農工產品禁止從中國進口，其中農產品的開放尤其敏感，以致讓馬政府的決策或談判團隊想繞過貨貿，直取服貿。

馬政府因何誤判？

馬政府做出直取服貿的決定，很可能是基於二〇〇九年開始大量開放中資之後，並未受到太大的關注，遑論有效阻擋。既然服貿和投資密切相關，理應也會順利達陣。

服貿協議的內容涵蓋台灣各行各業，例如醫院、印刷出版、洗衣店、汽車保修、停車場、旅館經營、中西藥批發、美容美髮、社會福利機構、殯葬業等，從食衣住行育樂到生老病死通通都在內。乃至電信、地質探勘、港口水文偵測等涉及國家安全的基礎建設，也不放過。更麻煩的是，服貿將使得中資和部分白領勞工，慢慢進駐「台灣社區巷弄」之中。

事後來看，如果當年服貿沒被擋下來，北京對台灣就如同登堂入室。所謂「用買的比較便宜」，恐怕就不會只是一句口號而已。

近來兩岸關係又有新局面，中國軍機、航艦更是環島軍演、頻頻越過台海中線，改變「現狀」（status quo）的企圖昭然若揭。曾跟一位朋友討論一個問題：是這種直接威脅的時刻比較危急，還是當年中國的對台懷柔政策比較厲害？

答案恐怕是見仁見智吧，但至少現在大家普遍都有警覺。尤其是在二〇一九年香港「反送中運動」之後，中國共產黨的權力邏輯和真面目，更是逐漸清晰可見。

其次，兩岸議題由於政治敏感，原本更需要透明化，然而資訊透明化和民主監督卻是馬政府對中關係的死穴。

立法於一九九〇年代的「兩岸人民關係條例」，反映的是當時兩岸的互動和交往強度，遠遠不符後來日益密切的兩岸經貿關係之實況和需要。當然更是跟不上馬政府日益明顯的兩岸政經統合進程。

例如，二〇〇八年馬政府上台之後，快馬加鞭一共和北京簽署了二十三項協議，其中第二十三項就是雙方在二〇一三年六月所簽署的服貿協議，涉及雙方國內的服務業開放、彼此投資和商務人員往來，無論是經貿關係或政治意涵，重要性不言可喻。

然而，這些協議不僅在談判或簽署過程都刻意迴避國會（立法院）實質監督，最後在立法院的部分，竟然只是「備查」，而非「審議」。根據當時官方說法，服貿屬於《兩岸人民關係條例》四之二條所界定的「協議」。依該法，協議內容只有涉及法律訂定或修正時，才需要在協議簽署後三十日內，報請行政院核轉立法院「審議」。由於服貿可以不涉及法律訂定或修正，所以立法院的審查強度只能到「行政命令」！這也就是後來爆發太陽花運動的導火線。

關於這點，賴中強律師的目光獨到和長期燒冷灶的堅持，最教人動容。雖然受注目程度遠不及當時諸多明星（或神），但沒有他就沒有從二〇一〇年ＥＣＦＡ簽署以後，即相當活躍的「兩岸協議監督聯盟」等公民團體，以及更後來面對服貿爭議時的關鍵論述和行動決心。賴律師堪稱台灣維新志士或現代墨子，永遠在奔走途中。

至於「兩岸協議監督聯盟」之所以成立，就是因為ＥＣＦＡ的簽署而來，主要成員包括台灣人權促進會、台灣勞工陣線和地球公民基金會等民間組織。就在我離開台經院之後，也曾參與其籌組和後續活動。

最後，人類社會關心的三大主軸，經濟成長（財富）、分配不均與安全，不同時代迭有變更，絕非一成不變。

二〇〇九年爆發全球金融危機，全球化與經貿自由化的贏家輸家議題日益尖銳，愈來愈多人更加關心所得分配不均，乃至個人經濟安全。所以即使有二〇一〇年ＥＣＦＡ的成功簽署經驗，乃至一再強推服貿「利大於弊」，遂慢慢地失去說服力。

援軍抵達

二〇〇八年台灣再度政黨輪替，當時下台後的民進黨元氣大傷，並由蔡英文主席領導本土勢力「生聚教訓」，以期東山再起。

二〇一二年馬英九總統連任成功，更在立法院擁有多數席次，民進黨內也一度出現對中政策是否為再次執政障礙的迷思與爭論，或稱「最後一哩路」。蘇貞昌主席任內（二〇一二～二〇一四）更恢復設置「中國事務部」，並成立「中國事務委員會」，全方位展開對中政策檢討和路線釐清。

二〇一四年爆發三一八太陽花學運前夕，我適巧負責民進黨中國事務部（二〇一二年八月被蘇主席延聘擔任主任）。坦白說，當時的局面和心情有如受到低氣壓籠罩，也只能步步為營。

但就在三一八那晚，眼見來自四面八方的人潮湧向立法院和附近街頭，我知道援軍已經抵達。而我和ＥＣＦＡ長達六年的周旋，也終於告一段落。ＥＣＦＡ的魔法，不論過去那段期間在台灣上空如何翻雲覆雨，終被馴服除魅。

（本文為修訂版，原載於二〇二〇年六月二十九日《自由時報》。）

謹以此文，敬那段艱辛歲月和所有曾幫助過我的人。

二、高通案與「上帝之手」

我在二〇一七年二月一日就任公平交易委員會（公平會）委員，主要任務即在於協同其他六位委員（含主副主委），透過合議方式來執法（主要是公平交易法，其次是多層次傳銷管理法）並決定相關競爭政策。

公平法旨在規範市場交易和競爭秩序，並維護廣義的消費者權益，有人甚至將之捧為「經濟憲法」。從檳榔、衛生紙，到高科技的晶片及其設計，無論是生產商品或提供服務，凡是涉及競爭行為的商業活動，原則上都受到公平法規範。

儘管內容不盡相同，但台灣這部公平法的核心精神，和美歐各國的反托拉斯法或競爭法極其神似，除了禁止不法聯合行為之外，對在相關市場擁有支配力或壟斷力（即訂價或單方決定交易條件的能力）的廠商，總會要求較高的行為義務。簡單來說，廠商具有市場力量（即使居於壟斷地位）本身並沒有錯，但不得濫用此一力量或地位。

至於到底有沒有濫用，就需要依事證來做審議和認定，這部分主要就是公平會委員會議的執掌。同時，為了確保案件審議具有一致性和公平性，法制設計上通常都會讓競爭法機關擁有一定程度的獨立性，不受其他機關指揮。就個別委員來說，則是「依法獨立行使職權」。當然，被處分事業如果不服，可提起行政訴訟尋求司法救濟。

但就整個國家社會來說，所欲追求的目標或捍衛的價值（例如產業發展政策、國家經濟安全等公共利益），當然不會僅有關切競爭。價值或目標之間有時候也會重疊、衝突，或因為技術變遷以致模糊了原先的評判準則（例如新型態專利及其授權）。高通案就是個明顯例子。

一案掀波濤

二〇一七年十月十一日，台灣公平會的委員會議經過表決後通過，裁定無線通訊晶片設計大廠美商高通公司（Qualcomm）的部分商業模式違反公平法（濫用獨占地位），並處以兩百三十四億新台幣罰鍰。高通不服此一處分，旋即向智慧財產法院提起行政訴訟。

幾經轉折，公平會和高通在隔年達成「訴訟上和解」。兩案都喧騰一時而且影響深遠。所謂影響深遠，指的並不只是高通案攸關台灣高科技產業發展（晶片設計、通訊設備等半導體產業）或第五代行動通訊技術（5G）佈局，更在於整件事情也改變了不少人的工作生涯，甚至命運。

過程中有天真、算計、救贖、奇情巧合，更不乏神來之筆。頗具戲劇性，未來鐵定可當故事來傳說。嚴肅之餘，其實也有不少趣談。現在就來分享一個，雖然這個梗需要長長的鋪陳。

首先必須先解釋一下什麼是「訴訟上和解」，且和比較常見的「行政和解」有何不同。有別於行政機關在做出處分之前，只要符合《行政程序法》相關規定即可進行的「行政和解」，「訴訟上和解」此一和解形式則是行政機關在做出處分後，進入行政訴訟過程中的選項之一。原則上，處分人和被處分對象都可向承審法院提議，並由法院基於公共利益和訴訟經濟等考量，決定是否接受。法源依據為《行政訴訟法》。

二〇一八年三月，在智財法院承審庭長同意下，公平會和高通公司試行「訴訟上和解」，且經公平會委員會議授權，由我擔任公平會的談判代表。從此我的人生閱歷又多了一項。

談判重點主要有兩部分。一是由高通提出「台灣產業方案」，包括多項經濟技術合作；另外則是「行為承諾」，高通必須調整部分商業模式，並承諾改善台灣廠商的待遇。重點在於調整幅度和承諾內容，必須優於原處分。

所謂「試行」的意思，有點接近「暫時」、「姑且一試」，看看對造高通那邊能夠端出什麼菜，而公平會這邊買不買單。這種不確定狀態一直維持到同年五月九日，經委員會議決議「續行談判」後，才算明朗。

那次會議的結果不僅直接導致兩位委員辭職，更引來部分立法委員質詢和監察委員立案調查，公平會針對高通案的處理過程究竟有無行政違失。這些風波後來都曾見諸報章雜誌，其中當然不乏一些無厘頭的猜測。

其實，本案前前後後，包括原來處分和訴訟上和解在內，所有作為都合於法律規定。除了無論是處分或和解的動機都光明磊落之外，應該也跟公平會內部極為優秀的法務部門有關。他們曾多次為我示範，什麼叫做步步為營。

但從整個機關來看，比較容易招人物議的部分，無非是「既有今日、何必當初」之譏。因為處分後的「訴訟上和解」如果可行，何以當初不直接進行「行政和解」？話說回來，行政機關改變先前決定，本身並不違法。更重要的是，雖然過程曲折，但對公平會、高通或台灣社會來說，結局堪稱圓滿。

人間或公共事務，往往如歌德在《浮士德》裡所言，善行或好的結局未必全然來自善意。

高通公司大陣仗

二〇一八年從三月到八月，接連五次談判，高通方面絲毫不敢大意。每次都由美國總公司的二把手，行政副總裁暨技術業務授權公司總裁亞歷克斯．羅傑斯（Alex Rogers）親自率隊主談。

高通顯然有備而來，而且是大陣仗。除了聖地牙哥總部的高階幹部之外，亞太區域的經營團隊，以及台灣高通和律師團都會一起陪同。

何以高通如此在意和台灣公平會之間的訴訟和解能否成功？

不難理解，因為那段期間高通公司正值營運低潮期，迫切需要藉此談判，在全球烽火四起的訟爭中建立解決模式。而且，最好成為「最佳範例」，然後和南韓公平會在訴訟上的死意糾纏形成對比，或造成壓力。

高通在無線通訊產業長年居於主宰地位，主要是由於技術領先，加上商業模式（獲利方式）「強悍」，以致樹敵無數，更在全球各地惹出不少麻煩。業界最常抱怨的地方包括：專利授權費用整機計價（俗稱高通稅，大概百分之三至百分之五），以及「專利綁定晶片」（no license, no chips），亦即必須和高通簽訂契約並取得專利授權後，才能購得晶片。

至於什麼是高通稅呢？以蘋果手機為例，雖然手機當中僅有手機晶片等通信晶片使用了高通的專利，其他諸如屏幕或照相功能（例如台灣的大立光）並沒有使用高通專利，但高通卻要求按照整機價格來收取專利費用。

高通的辯解則是「交易成本」考量。主要由於新型態的專利數目成千上萬，技術上難以一一認定個別專利的貢獻，所以倒不如以整機計價再予以折扣的收費方式來得有效率。

另一項爭議則是向高通購買其所設計的晶片，必須先跟高通簽訂契約以取得專利授權。由於高通在無線通訊科技上的領先地位，許多專利都已被國際組織列為「標準必要專利」（Standard Essential Patent, SEP）。

公司自家的專利一旦成為SEP，等於取得「人為壟斷」地位，一方面會增加許多收入，但同時也必須負擔額外義務。亦即必須事先做出給予競爭對手「公平、合理、無歧視」(Fair, Reasonable and Non-Discriminatory, FRAND）待遇之承諾。

問題是，對高通這樣擁有許許多多SEP的公司而言，此一事先承諾義務究竟應到什麼地步才算合理？特別是面對其競爭對手聯發科，情況更是複雜。新型專利與競爭法之間確實存在灰色地帶。

那幾年間，高通除了先後被中國國務院發展和改革委員會（二〇一五）和南韓公平會（二〇一六）重處之外，更被自家的美國「聯邦交易委員會」（Federal Trade Commission, FTC），在二〇一七年向法院提起違反競爭法之訴。

不僅如此，高通和大客戶蘋果公司之間，更因為整機計價收費問題而鬧翻。高通不僅因此失去蘋果 iPhone 訂單（蘋果當時一度轉跟英特爾合作），二〇一七年時雙方還對簿公堂大打訴訟，直到二〇一九年才告和解。蘋果之所以願意和解，主要也跟商務替代對象英特爾的 5G 晶片開發成果不如預期，不得不爾有關。

從技術專利的權利角度來看，高通可歸類在「技術創造者」的一方，而蘋果則是「技術使用者」的代表，其產品基本上可視為各種先進技術之集大成。

有此一說，蘋果的手機（iPhone）、平版（iPad）等智慧產品，如果沒有高通的無線通訊技術加持，充其量不過只是一台好看的裝置或玩具。換言之，高通和蘋果兩個巨人之爭，最後仍以高通居上風。

觀察對手的談判風格

屋漏偏逢連夜雨，高通對荷蘭恩智浦半導體（NXP）的併購案，更因為中國刻意阻撓而失敗，並因此損失二十億美元賠償金（二〇一八）。

當然，台灣的聯發科也很爭氣，雖然進入無線通訊晶片設計的時間較晚，但在一個挨著一個的通訊世代裡，逐漸拉近與高通的技術落差。特別是在中低階晶片應用領域（側重中國和印度市場）屢有突破，更讓高通在技術和市場競爭兩方面都面臨不小壓力。

這些不利因素，很快就全部反映在高通的財報和股價上，例如每股盈餘（Earning per Share, EPS）等企業獲利指標，表現不如預期。

資本市場的邏輯：公司股價低了，意味著容易被收購。資本市場的整體評價其實也代表著一種「產業政策」，而這也是美式資本主義的活力來源。後來，要不是當時美國總統川普以國安理由出手，高通公司在那段風雨飄搖期間，很有可能已被總部位於新加坡的博通公司（Broadcom）成功收購。

川普此舉顯然劍指中國（華為），尤其是5G相關技術進展涉及國家安全，豈能因為高通一時有難而受到影響。高通乃屬於技術本位的公司，研發投入甚為積極，遠非比較重視金融操作的博通公司所能比擬。

在和高通談判的過程中，自然有很多觀察心得，尤其對他們的團隊運作模式印象深刻。可以明顯感受到他們之間有清楚的分工和平等尊重。這和東方社會的我們有很大的不同。

在我們這邊，只要出現這種場合，大概只剩長官一人才有真正的發言權，在場其他人多半只能俯首貼耳或唯唯諾諾。我們的社會比較容易產生威風八面的強人，但不容易有強的團隊。

代表高通主談的羅傑斯，在走向智財法律專業之前，曾主修英國文學。談判經驗豐富，當初在中國和國務院發改委談判、和南韓的公平會或三星周旋，都是由他出面。即使遇到再困難或尖銳的問題，總是不慍不火，誠懇回應。這種深層、內蘊的說服力，才是真正高明的談判手腕。

高通是猶太人創辦的公司。據說猶太人很會談判，在給和拿（give and take）的協商過程中，往往會適時端出「令對方無法拒絕的條件」。

據了解，當時高通正準備把聖地牙哥總部的部分研發業務轉移到東亞，尤其是「全球營運與製造工程暨測試中心」（COMET），更是重中之重。此一中心之建置，不僅可讓在地5G相關產品獲得先期認證和測試，產品因此享有面臨全球市場競爭時的先發優勢，更讓半導體供應鏈更加緊密合作。而高通正針對三個地點在做評估，包括上海、新加坡和台灣。

後來高通和公平會達成和解後，高通在海外第一棟具有所有權的營運大樓，即落腳在竹科，並已在二〇二二年完工啟用。這裡同時也是高通在海外的第一個研發據點，裡面除了剛剛提及的「全球營運與製造工程暨測試中心」之外，尚包括「多媒體研發中心」、「行動人工智慧創新中心」，以及「5G毫米波測試實驗室」等單位。目前已超過七百位員工進駐。

我相信這個和解方案必然會深刻影響台灣的產業發展路徑。除了半導體產業的優勢更加獲得鞏固之外，包括機器學習、物聯網、自駕車、遠距訓練等新興科技，乃至5G商機和未來人才培育等等，都會因而受惠。甚至，數年之後一旦無線通訊進入6G世代，台灣應該也能擁有遠比從前更好的起跑點。

然而，公平會畢竟不是產業主管機關，我之所以主張和解，另有以下三道理由。

首先，高通的商業模式和新型態的專利模式有關，是不是一定違反競爭法，各有實務見解和學理基礎，莫衷一是。而根據公平會過往的經驗，此類大型且高度爭議的訴訟案件，上訴、駁回、更審，往往復復起碼需要十年以上才會得到終局裁定。這不僅曠日廢時，而且做出處分的行政機關，最後也未必有把握獲得勝訴。

事實上，二〇二〇年審理此案的美國第九巡迴上訴法院最後裁定，高通的商業模式並不違反美國的反托拉斯法。過程中，有位法官的意見誠屬一針見血：「高通公司的商業模式過於資本主義，但未必構成反競爭。」（Qualcomm's business practices had been overly capitalistic, but not necessarily anticompetitive.）

另外，南韓公平會自從二〇一六年處分高通之後，目前雙方仍在纏訟，而且不知何時才會得到終局審判結果。這和採取和解途徑的台灣，剛好形成對照。

其次，由於公平會的處分已涉及高通的核心商業模式，但高通殊難因為台灣公平會的處分就改變其營運和獲利模式，亦即雙方如果未能和解而繼續爭訟，最後極有可能會面臨魚死網破的局面。

詳言之，如果不走和解一途，依法公平會必須要不斷地處罰高通這家公司，罰到高通離開台灣為止。這對台灣絕對不利，包括產業發展、商機，甚至國家經濟安全在內。

我主張和解的最後一項理由則是事實判斷加上推理，「有根據的心證」。

公平會七位委員中，原處分是在四票贊成、三票反對的狀況下通過。三位持反對意見的委員，也都各自寫下不同意見書，可說前所未見，表示內部歧異甚大。

如同我在不同意見書中所陳述，原處分的議案審理過程，出現不少嚴重瑕疵。而且本案高度複雜，不僅學說方面眾說紛紜，產業方面千絲萬縷，單單資料部分就超過二十大箱。這對案件負荷早已超載的台灣法官來說，絕對是件苦差事。所以應該很難再有餘力、餘勇，去對這種高度爭議的案件做出實體裁決吧？

所以，法院直接以審理程序有嚴重瑕疵，讓本會敗訴的機率可說相當高。如能促成和解，則再好不過。此一說法絕非無稽之談。

二〇一八年八月十日，公平會對外正式發佈新聞，和美國高通公司達成訴訟上和解。

意外促成高通深耕台灣

和解內容分成三大部分，要旨如下：第一，高通必須改正部分不公平競爭的行為；第二，高通承諾五年內投資台灣七億美元，包括多項大學產學研發合作、5G應用創新競賽

（Qualcomm Innovate in Taiwan Challenge, QITC）等計畫，即台灣產業合作方案；第三，裁罰金額由新台幣兩百三十四億元改為二十七億三千萬元。技術上而言，因已和解所以這一筆錢的屬性不再是罰鍰。

除了諸多合作項目之外，單從高通投資台灣的金額來看，更早已超過當初的承諾。截至二〇二二年，高通公司在「台灣產業合作方案」架構下的投資金額，即已超過十四億美元，已達原先承諾金額的兩倍之多。當然，這對高通和台灣雙方都有利。

投資會帶來更多投資，合作會衍生更多的合作，猶如騎上腳踏車，上路之後自然就會不停地踩下去。這是我以前研究並參與經貿談判時，學到的一課。高通和解談判一事，更是印證此一道理。事實上，高通從此已算是深耕台灣。

話說回來，由於我在會內主張和解最早、最力，而且後來還負責談判，並在會內翻案成功，所以當公平會和高通公司在智財法院見證下達成和解後隔天有一記者會，很自然地就被推派上陣主持並回答媒體提問。新聞發佈的標題是：高通案後續說明。

台灣的公共事務總能在最嚴肅的地方，出現最滑稽的畫面，每每教人啼笑皆非，絕對是發展脫口秀趣味梗的天堂。本案也沒能例外。

當時負責新聞媒體聯繫的同仁告訴我說，有人在問：「明天高鐵是不是哪一站又要開始通車？」

前些日子，一位老朋友還特別跟我提到：「幾年前你曾參與過的那個高端案……」。對了，行政機關在做出處分之後，和被處分對象進行訴訟上和解，案例確屬罕見（環保署曾有過），在公平會更是難以想像。

當大家都束手無策時，如此聰明的想法，到底從何而來？我只能說，天佑台灣，這個獨立機關裡確實臥虎藏龍。

三、節制中國擴張的「二次機會」

二〇〇七年起，我偶爾會在新竹清華大學社會學研究所的「中國研究學程」開課，教授兩岸經貿與國際經濟關係。部分上課內容自然也會隨著兩岸或國際經貿局勢演變而有所調整，例如在二〇一〇年兩岸所簽署的ECFA、二〇一四年引爆太陽花運動的「服務貿易協議」，以及以下要談的主題：二〇一八年開打的美中貿易戰與科技戰。

假如我班上有個叫做川普的同學，因為種種原因想要解決美中之間持續且鉅額的貿易失衡，主張美國提高中國產品進口關稅的稅率，提高兩成（實際上則是百分之十九），到底我該如何看待或好好回答他的問題？

雖然貿易問題總是紛紛擾擾，表象及表演的成分往往多過實質，但如果是在傳統的經濟學教室，問題和答案就會單純許多。

首先我會告訴他，從總體經濟學的角度，個別國家的整體對外貿易失衡（包括商品貿易和海外投資所得的經常帳），反映的其實是該國內部資源的使用情況，亦即儲蓄率（收入沒消費完的部分）和投資率之間的差距，經濟術語叫做「超額儲蓄」。

目前中國因生產總價值遠比總支出高，所以有超額儲蓄，以致對外貿易長期出現盈餘，而美國則因過度消費、儲蓄不足而處於貿易赤字的局面。

不難明白，根據經濟學理的預測，國際收支失衡主要是總體經濟面的結構性問題，沒有其他條件（如國內消費、儲蓄、投資或政府收支）配合，單單藉由貿易政策就想加以改變，不僅無效且會導致整體貿易量的萎縮。

例如，以提高關稅等保護主義措施試圖來降低進口並改善國際收支，在其他條件不變之下，出口通常也會因為「實質匯率」的提升（源於名目匯率增加或國內物價上漲），導致國內商品變貴而跟著減少。而且將大大違反「比較利益法則」（comparative advantage）所預測和教誨的國際分工互惠原理，並對資源配置和經濟效率帶來負面影響。

比較利益其實就是一種專業分工或角色扮演的指引，核心精神在於善用彼此或國家之間的差異，並互蒙其利。至於差異的來源可以是生產技術、工資水準或消費者偏好不同等等。

這裡都還沒有討論到其他國家很有可能會進行貿易報復呢。

貿易盈虧主要取決於產業結構、技術水準與消費者偏好，然而結構、技術和偏好三者，恰好都不是短期內可以透過個人主張或國家意志加以改變。

換言之，關稅調整的效果多半有限，頂多也只會轉移貿易對象。美中貿易問題如要根本解決，也一定是以中國的經濟改革與順利轉型，以及美國的消費減少（儲蓄增加）為前提。屆時中國的國內消費增加，出口減少同時進口增加，其對外貿易盈餘才會真正降低。

美中貿易戰的政治經濟學

然而，如果單單只做上述長期觀點，甚至應該反求諸己之類的回答，大概是當不成總統的經濟顧問，遑論國家安全顧問。

一來未見歷史縱深，顯得不夠深邃；二來缺乏國際現實脈絡，說了等於沒說。因為忘了今天的討論對象是中國，並不是一般尋常國家，例如早年的日本、德國，以及當年包括台灣在內的亞洲四小龍。

總是記得《出埃及記》裡，十災中的蛙災橋段。大量青蛙上岸後，進入王宮、民宅，餐桌上、被窩裡到處都是青蛙。夜裡，很多人都被濕濕滑滑的青蛙嚇醒。

無奈的法老王只好召來首席重臣，研議解決之道（此時會議桌上跳來數隻青蛙）。沒想到該重臣一派神閒氣定地說：「實在不用太過緊張，因為這些青蛙早晚自己會跳走！」

重新整理思緒之後，也許以下的回答會比較公允和完整，而且說不定川普同學看似錯誤的問題，也能衍生出正確的答案。譬如說：即使貿易戰未必合理，但所衍生的科技或5G之戰則無比真實——「我們」如果在這些攸關國家安全的高科技領域失去優勢，確實教人難安。

此外，雖然國際貨幣體系和匯率議題不是今天的重點，但也必須有所交代，才能看清國際經濟關係的全貌。

美國連年對外的大量貿易赤字現象，除了上述總體經濟的視角之外，更和「布列頓森林體系」（Bretton Woods System, 1944-1973）的遺緒有關。亦即美元此一個別國家的貨幣，仍被當成國際貿易與金融交易主要的計價、清算與儲備貨幣。

此一事實固然讓美元享有特殊地位，等同在國際收支帳上擁有無限的償債能力和流動性，配合發達的資本市場得以吸納國外資金，造就出美國可以長期貿易赤字的條件。

然而，既然美元成為基準貨幣，使得美國在面臨貿易赤字時，無法像其他國家一樣逕行貶值，而只能間接為之。例如透過聯準會的貨幣政策對匯率加以影響，或經由政府間的協商，集體進行外匯干預，例如一九八五年的「廣場協議」（Plaza Accord）。

當年美國、日本、西德、法國與英國（簡稱G5）的財長和央行行長，在紐約廣場飯店舉行會議，達成五國政府聯合干預外匯市場，促使各國貨幣對美元升值，以解決美國巨額貿易赤字問題。

此即著名的「N減一」問題，N種貨幣只有N減一個匯率和政策自由度，而所少的一個自由度就是美元本身。

以此角度觀之，美國每年都會調查並公布所謂匯率操縱國家清單，很難說沒有正當性。特別是理論上浮動匯率所承諾的國際收支平衡，實際上並沒有出現，因為各國央行往往為了促進出口目的而進行干預，可說屢見不鮮，以致對美元匯率「易貶難升」，特別是資訊甚不透明的中國更是案關要犯。

全球經貿體制存在根本矛盾

麻煩的是，目前全球這套建立在二戰之後的自由主義經貿體制和秩序，因存在內部矛盾而無法妥善處理美中之間持續且鉅額的貿易失衡。

首先，美元因作為國際儲備貨幣，本身就是價值之「錨」而無法透過自行貶值來增加出口並減少進口，改善貿易赤字。而且，按理貿易處於長期赤字的國家，由於外匯逐漸流失的壓力，通常必須減少國內支出作為因應，但一樣由於美元因作為國際儲備貨幣，以致美國無此嚴格限制。

其次，貿易盈餘的國家一如中國，卻可不停地累積外匯存底（例如購買美國政府公債），除了持續造成貿易失衡之外，更因而失去增加總支出、然後多進口的動機，以至對全球經濟造成「拖累」（drag）。

這也是為什麼包括克魯曼等學者在內（其實是師承凱因斯在二戰結束前夕的主張），會主張可從國際貨幣體系著手，根本解決美中貿易赤字的主要原因。

根本問題沒能獲得解決，總是會外溢到其它層面。多年來中國崛起的模式仍未脫以外貿帶動經濟成長，加上本身巨大的經濟規模，以致對各國內部都造成莫大的調整壓力。尤其是晚近生產技術快速進步，所產生的經濟社會「兩極化」（就業機會、薪資水平乃至所得分配）問題，在政治上也都必須尋找出路，或者替罪羔羊。

對川普來說，主要乃透過訴諸「不公平貿易」與「可疑的陌生人」之民粹主義而崛起。而民粹主義的最大特色就是只有架構，不會有太多的具體內容，因此可以和左右光譜的意識形態任意搭配，只要盡力突顯全球化下的輸家對既有體制的不滿即可。

不過，除非國際貨幣體系，有朝一日重新洗牌並另做安排，不然這個全球經貿失衡的古老難題應該是無解。所以還是回到比較具有操作性的貿易政策討論，比較實在。

經濟學上有個理論在談什麼是「次佳」（second-best），意指最佳狀態因有扭曲未能實現時，僅維持其他條件不變並不能確保「次佳」境界，必須額外再做點什麼改變或調整。

這裡的扭曲來源，尤指像中國這樣一個在各方面的威脅皆與日俱增的巨龍國家。面對中國，川普選擇的途徑是不假辭色與連環重錘。儘管高舉「美國優先」大旗，透過基本上不管他人反應的「單邊主義」我行我素（隱含不穩定、難以預測），引發對手不快、盟友疏離，然而川普的確也曾為國際經貿秩序帶來「創造性破壞」。

繼任的拜登總統顯然另有打算。除了在對中貿易方面繼續維持「懲罰性關稅」之外，在國際經貿、區域安全或氣候變遷等領域則傾向走回多邊或區域主義路線。但能否善用「川普衝擊」所創造出的有利局面，對中國日益擴張的行為有所節制與抗衡，更是至關重大。

就經貿而言，美國如何運用「世界貿易組織」（WTO），更是未來檢驗其言必稱多邊主義的成敗試金石。諷刺的是，近年來由於美國棄守，中國竟搖身一變成為WTO多邊貿易體制的捍衛者。

從績效來看，擁有一百六十四個成員的WTO，截至目前仍未談妥啟自二〇〇一年的「杜哈發展回合」，最大的成果也僅是不涉及實質自由化的「貿易便捷化」。而WTO談判的裹足不前，相當程度也解釋了何以「自由貿易協定」（FTA）會全球蔓延。如此多邊架構，究竟能成就什麼事？

換句話說，期待於美國的，不會只是補任命WTO「爭端解決機構」上訴法官這類枝節而已，更在於規範中國的行為應該要有大動作。

問題的癥結不外乎，WTO的多邊貿易規則乃建立在商業運作自主與法治等信任基礎上，亦即國家與市場的界線必須大致清楚才行得通。但這遇到中國則拿他沒輒，尤其是各方對習近平統治下的中國經濟（「國進民退」更甚以往、國家角色更直接）已逐漸失去信任。例如，華為竟聲稱其股權為員工百分之百所擁有，但誰會相信？

知名的國際經貿學者，也是印度政府前任（二〇一四～二〇一八）經濟總顧問蘇布拉馬尼亞姆（A. Subramanian），針對中國問題，曾為文分析並提出建議，教人眼睛為之一亮。

他認為，此時此刻或許正是美國與其盟友因為川普所獲得的「二次機會」。主要由於中國並沒有信守其在二〇〇一年的「入世」承諾，特別是國家介入侵犯智財權和操控匯率這兩大問題最嚴重，美國和其盟友應聯手和中國就其在WTO的參與問題重新談判並議約。

包括中國不應再以開發中國家的身分享受優惠；針對人民幣匯率的低估指控應有機制加以明文監督；就中國企業的海外投資、併購與技術取得，無論是國營企業或民營企業，有關中國政府角色的質疑，中方皆應負舉證責任。

高科技新冷戰　中國暫居下風？

儘管美國將中國視為軍事和經濟重大威脅的態勢已日益明朗，川普時代更曾一度開啟美中貿易戰，但並未全面對決。美中兩國目前真正在進行的是高科技新冷戰。

此從美方屢屢強調，必須遏止中國透過各種手段強迫移轉、侵害並剽竊美國的智慧財產權，可看出端倪。而且，由於各國多深受其害且束手無策，所以普遍認為美國師出有名。

甚至主張應超越貿易層次，對中國在全球各地併購高科技產業的投資活動加以限制。美國在這方面尤需尋求盟友合作，藉由集體行動來逼迫中國改變行為。

這裡的高科技尤指以高端無線通訊晶片為核心的第五代通訊技術，包括人工智慧、物聯網、大數據、自駕車與航太在內等先進應用與跨域連結，明顯都是軍民兩用（dual use）。不僅可作為軍事用途，也極富國家安全和產業發展意涵，重要性不言可喻。

事實上，網際網路、全球衛星定位系統和觸控技術這三項高科技的發想和技術突破，都和二戰之後美國國防部（五角大廈）為了軍事用途刻意發展，並選定個別企業合作密切相關。

對中國來說，5G世代的來臨對內另有「維穩」意義。掌握攸關資安的關鍵技術將成為政權穩定的關鍵因素，因為「老大哥」未來將更有能力，對遍及日常生活的大量資訊流加以滲透與監督。

中國對外更可藉以縮小和美國軍事優勢之間的差距，逐漸累積抗衡、爭霸實力，並在高科技產業競逐中取得一席之地，特別是希望能在核心技術方面高度自主，早日擺脫對西方的技術依賴。近來常聽到的「紅色半導體」或「二〇二五中國製造」（二〇一五），其戰略思維大抵如此。

從貿易數據也可看出些端倪，中國雖然每年對外有鉅額的貿易盈餘，但在半導體業卻也有不小的赤字。根據英國《經濟學人》的分析，以二〇一七年美中貿易戰爆發前夕的數據為例，中國對美國整體貿易雖享有四千兩百億美元左右的順差，但在半導體業此一部門的貿易赤字卻超過一千六百億美元。原因主要在於中國高達九成的晶片都必須進口，而且其中五成都來自美國。

單從美國一出手，包括華為在內中國不少高科技公司即刻陷入營運困頓來看，就可明白，此刻的中國的確在這場「高科技新冷戰」中暫居下風。

然而，人類歷史的演變往往充滿辯證，「高科技新冷戰」對中國高科技的發展是阻卻還是刺激，一時之間恐也難論斷。

目前只知道熟悉中國科技演進史的行家最近曾發出極為沉痛的哀嚎，至於哀嚎的原因主要有兩個。除了製造高階晶片的相關技術和設備缺乏之外，軟體部分主要是中國仍缺乏自己的行動作業系統，現階段仍高度依賴美國谷歌的安卓系統（Android）。

這意味著脖子已被掐住，受制於人。包括一旦被美國經濟制裁，後果不堪設想，以及綁在作業系統與無線通訊上的諸多標準必要專利，也已形成層層疊疊的法律套索，一旦被縛，即使是空有蠻力的巨人也難以脫逃。

另一個教中國不敢樂觀的理由則是，其已進入市場的利潤邏輯並受到規訓。即便窮國家之力，領導人再三說明國家政策如何需要，恐也難以說服市場的參與者為了國家長遠目標而犧牲短期利益。

此一難題也和包括安卓在內等作業系統的網絡特性有關。亦即使用上講究能夠彼此相容，所以必須通過檢測（不是自己說了算），而且系統本身也會隨著使用者的數目增加與體驗累積，而獲得自我強化與優化的機會。

凡此都會造成先發優勢，並讓潛在的對手難以進入市場。很明顯，這和強調透過更努力、更多投資，甚至剽竊技術就可以獲得一定成果的老路做法已有很大的不同。

專欄二：經貿政策安全化

當前人類所面臨的共同挑戰，主要是「3C問題」：包括新冠肺炎（COVID-19）、中國（China）和氣候變遷（climate change）。記得就在疫情肆虐巔峰期間，英國《金融時報》曾有過這麼一段令人叫絕的歸納。對台灣來說，大致也是如此，雖然3C問題的先後順序可略做調整。

其實還有另外一個C。亦即從汽車鑰匙到飛彈，乃至人工智慧和大數據，現在很多產品都已不可或缺的晶片（chip）。而晶片之設計、製造、封裝和測試，就是半導體產業。

從二〇二〇年之後，公共衛生、國家安全，以及社會和經濟韌性（resilience），大家莫不琅琅上口。作為生存和發展前提的安全議題，逐漸凌駕經濟效率和成本考量，態勢更是明顯。毫無疑問，絕大多數人都會想繼續生活在自由開放的社會。

但一個國家如果因安全考量而導致生產效率持續低落，甚至忽略經濟建設和組織效能及其治理品質，長期來說也會拖累國力，而且也不再安全。所謂經濟或供應鏈韌性，核心精神即在於如何因應此一挑戰。

一九九〇年代中葉，隨著冷戰結束，通訊技術進步和經貿自由化，全球化現象蔚為風潮並成為流行語彙。相較於之前的國際化，全球化承載意涵更廣，包括經濟、政治、文化和軍事諸多面向，其中以貿易和跨國資本移動（外人直接投資與金融資本）的成長幅度和速度最為驚人，並成為主要特徵。

「離岸生產」（offshoring）或跨國生產分工，可說是當時最流行的主題，既隱含生產基地轉移或產業外移，並讓供應鏈或價值鏈橫跨各大洲。相近的作法則是「鄰岸生產」（nearshoring），在鄰近國家或同一時區從事生產。

麻煩的是，產業外移不僅會引發產業空洞化的疑慮，並產生大規模失業，不少國家開始鼓勵部分製造業回流（reshoring）或「在岸生產」（onshoring）。晚近則由於美中貿易戰和疫情爆發，更強化此一政策力道。

然而，以半導體產業為例，完全的自給自足不僅不具經濟效率，也難以做到。晶片的生產流程極為精密，需要稀有原物料（例如氟石提煉的化合物）、先進元件與設備（例如光刻機）之高度配合。根據專家證詞，生產高階晶片應通過五十個重要環節或「咽喉點」（chokepoint），缺一不可。妥協作法則為「友岸生產」（friendshoring），亦即將製造分散到友好且可信賴的國家。一言以蔽之，就是經貿政策安全化。

除了提昇經濟福祉此一內在價值之外，經貿政策也帶有工具性價值。二〇二二年二月二十四日俄羅斯大舉入侵烏克蘭，西方國家立刻對俄羅斯進行極其嚴厲的貿易和金融制裁。然而，在俄烏戰前，歐盟國家大約有四成的天然氣需求依賴俄羅斯供應，雙方經貿關係並不對稱，以致經濟制裁的成效大打折扣。

相較於俄羅斯，中國的貿易結構特色則是「兩頭在外」（消費市場、中間零組件與原物料），和西方國家的經貿關係大致對稱，相互依賴甚深。此一貿易結構必然也會對中國對外的軍事行動產生牽制作用。

四、疫情經濟學：疫情考驗經濟政策

二〇二〇年初，新冠（武漢）病毒襲擊全球，尤其是在疫苗問世之前，不同程度的減少活動，包括隔離、封城，甚至鎖國，就成了最有效的抗疫手段。而這恰巧命中了人類社會賴以維持與繁榮的兩大要害，包括社交群聚的本能和勞動分工。所以影響的確「嚴重與特殊」，各方面的震盪也接踵而來。

隨著疫病來襲和全球蔓延，各國除了自身的醫護體系面臨嚴酷考驗之外，經濟活動更是大受衝擊。而且由於衝擊來源同時滙聚了供給面（生產供應斷鏈和人員移動受限等）和需求面（隔離、收入銳減或漸趨悲觀降低消費與投資）兩大實體因素，導致企業倒閉風潮和大規模失業，堪稱「超完美風暴」。

這幾年下來，雖然人類對此一新型病毒已有很好的瞭解，但經濟受影響程度和因應方式，則因疫情尚在持續，仍未完全有定論。我自己的觀察重點主要則落在三方面。

首先是實施「擴張性財政政策」的時機究竟何時才算成熟？可採用的方式和規模如何？在目前和可預見的未來，偏低的全球名目（掛牌）利率水準，預示著貨幣政策的空間和效果都相當有限，無論是傳統的降息或量化寬鬆政策（Quantitative easing, QE）皆然。而偏低的利率水準也隱含著，針對政府債務餘額的償債負擔或排擠民間投資的副作用並不會太大。

依目前疫情發展態勢，國內外需求將嚴重不足，是應該開始慎重考慮並著手規劃，實施積極性財政政策的關鍵時刻，而且應是政府支出而非減稅優先，透過公部門力量「動員可用資源」，以避免大規模經濟衰退和勞工失業。

應產生而沒有產生的事情、商品和勞務，才是真正的遺憾和浪費，此即「機會成本」概念。

此外，財政政策在各國同步採行的情況下最有效，否則所增加的需求將部分轉成進口，財政政策就會大打折扣。考量近來主要貿易夥伴都已陸續宣布規模不一的財政支出，所以目前的確是實施擴張性財政政策的好時機。

財政健全是政府治理的重要原則，核心精神在於不浪費資源，以避免國家迫切需要某些計畫時無錢可用的窘境，甚至破壞施政優先順序。

至於這些年來被過度吹捧的「撙節支出」、「財政平衡」或「財政紀律」，甚至「債留子孫」等迷思，在新經濟時代下，或許也到了該重新評估、理解和詮釋的時候了。畢竟，這些財政原則僅是手段，並非目的。而且，國家財政有遠比「帳房」更重要的功能和角色。

雖然政府竭盡所能持續擴大紓困規模，「加碼至兆元」，但絕大部分仍屬金融機構的融資額度，和真正的政府支出並不相同。

非典型勞動者備受衝擊

特別值得一提的是紓困方案所涵蓋的對象似乎少了一大塊。就我所知，那些「自營作業者」（self-employed）、特約經濟工作人員（gig worker）、自由供稿者（freelancer）等非典型勞動者的收入，受到疫情的影響更大，但向來不容易受到既有體制的重視，無論紓困計劃是救急或救窮。

然而，這些人卻往往是新經濟或數位經濟的重要骨幹和活力來源。只要押下時間或附上落日條款，此時此刻，政府對他們的援助和支出，應該可以更積極些，以示危機處理中仍不忘未來佈局。

最後則是，政策紓困的優先目標是什麼？增加勞工所得，還是避免企業大幅裁員，造成大量失業？

一旦疫情愈演愈烈，雖然放無薪假的企業愈來愈多（所得減少），但失業終究比所得降低來得更嚴重，也許很快兩者就必須有所取捨。此話怎講？

遇到經濟情勢如此嚴峻的局面，保障就業當然是首要目標，但勞工收入暫時性減少也已不可避免。重點在於，所減少的部分應由政府、企業、勞工三者共同且合理分攤，而這正是德國「短工津貼制度」（Kurzarbeit）的作法。

「短工津貼」的核心理念在於避免員工離職造成專業技能流失，這對企業和勞工都是傷害，也不利於因應短期經濟循環和產業長遠發展需要。

以台灣來說，在發生「減班減時減薪」的情況下，企業仍必須支付在職員工「最低薪資」。雖然勞動部透過「安心就業計畫」，也將會補助勞工投保薪資與領取薪資差額的半數，形同政府、企業、勞工三者共同分攤，但企業此一負擔不輕，以致未來很可能會增加企業直接解雇員工的誘因，或乾脆歇業。

因應疫情變局，如果我們政策的著眼點果真放在保護就業，目前分擔比例也許應該有所調整。

這些券那些券效果有限？

另外則是政府發放振興券的問題。對研習經濟學多年的人來說，似乎也不能沒有看法。

尤其是目前台灣的GDP（國內生產毛額）已達二十兆新台幣，所以規劃的五百億，金額並不算大，發放到個人身上，更是只有區區幾千塊錢。

其設計方案與效用究竟如何？似乎很難從傳統的消費理論得到教人滿意的答案，倒是從行為經濟學的角度出發，也許可以幫忙找到些評判與思考線索。

首先必須指出，防疫成功讓消費者敢出門消費，本身就是一項相當優異的經濟振興作為。當時歐美和不少疫情比較嚴重的國家討論的是如何「解除封城」或「脫逃策略」，台灣尚有餘裕爭辯「現金、消費券或振興券」的利弊得失和政策細節，堪稱是一種幸福。

和二〇〇九年政府因應全球金融危機所發放的消費券（每人無償取得三千六百元）一樣，此時推出振興券（民眾先花一千元購買或換回三千元）的主要目的在於經濟刺激（stimulus），而不在於疫情方酣階段，針對特定產業、個人（家庭）或勞工的紓困（relief）。

發放這些券那些券乃屬於總體經濟學（特別是凱因斯學派）增加「有效需求」的概念，所以不需要刻意排富。有效需求指的是「有意願且有能力」的需求，亦即能夠「有效地」增加銷售量，並因此增加產出和國民所得。

當然，振興經濟的舉措也會發揮間接紓困的功能，兩者難以截然二分，只是政策目標側重不同。

同樣一筆錢，就政策效能來說，現金、消費券或振興券各有千秋。發放現金最迅速有效且直接了當，所需要的行政成本的確較少，一般認為是最便捷的「紓困」手段，但未必是妥當的「振興」措施。

主要理由在於，流動性百分百的現金沒有使用期限，一旦放在口袋裡很容易被忽略掉，對比較有錢的人來說更是如此。亦即時機（timing）很重要，現金方式對目前亟需集氣、振興的諸多產業來說，反而緩不濟急。

振興或消費券則有限定使用期限的優點，因此短期內比較會有帶動消費的「點火」效果。根據二〇〇九年的消費券實施經驗，第一個月的使用率即超過八成。

樂觀、活絡，甚至陶醉的經濟氛圍會自我實現，相反亦然。特別是未來幾個月內如能配合蜂湧而出的「報復性消費」（取決於收入減少、政府支持與移轉所得，以及對未來的經濟復甦信心等因素），仍會產生可觀的預期效應。

至於振興或消費券孰優孰劣，目前的眾說紛紜，大概也只能靠事後的實證資料加以解決了。即便如此，我還是比較看好振興券的政策創意，但理由並不是傳統的消費理論途徑。

傳統的設算方式需要兩個關鍵數字，首先要有「邊際消費傾向」，亦即每一塊可支配所得用在消費的比例。其次是消費支出的「乘數效果」，也就是每另外投入一塊錢消費，究竟可產生多少GDP。一般而言，邊際消費傾向愈高（比較敢花錢），則消費的乘數效果也就跟著愈大。

事實上，兩千元也好、三千元也罷，金額實在不高，所以民眾不管有錢沒錢，無論拿到的是振興券或消費券，多半都會出現程度不一的消費替代。

倒是有一種情況可以產生極大的政策誘發效果，亦即消費限定在極短時間內完成（不消費即構成個人損失），例如有效日期只有一個星期。但如此一來，必然招來民怨，而且匆忙消費的品質恐也堪憂。

振興券可發揮「框架效應」

有趣的是，振興券是否引發行為經濟學的「心理框架」效應？

前面提到，相對於免費得到的消費券，就同樣的政府支出，我比較看好「買一千送兩千」，希望民眾一起響應參與的設計方案。

等於是你拿出一千元去換（買）一張三千元的消費券；或者說，你去買了三千元的東西但打了三三折，因為其中政府幫忙出了兩千元。

一旦從微不足道的「所得增加」（區區兩千元），移轉成相對顯著的「價格補貼」（打了三三折）框架，相同的政府支出，就可能會產生不一樣的認知感受，並有效刺激消費支出。

如此設計頗能發揮行為經濟學家塞勒（Richard Thaler）所講的「交易效用」（transaction

utility）。亦即藉由補貼所形成的打折效果，讓原價成為參考點（reference point），以致產生買賣划算之樂趣，最後促成交易。這種訴諸人類心理機制的分析方式，也是一種「心理帳戶」（mental accounting），和傳統經濟學只談「獲得效用」（acquired utility）有很大的不同。

傳統消費理論顯然比較單純，消費者從特定交易所獲得的效用，如果超過市場評價（供需均衡價格）就值得交易。而且超過的部分就是「消費者剩餘」（consumer surplus），也就是消費者從該筆交易中所得到的好處。

發放振興券另會額外地耗損行政成本和交易成本，包括設計、手續費用和兌換及交易時間不等，比較利弊得失仍需要考慮這些因素，才算完整。這對做政策研究的學者來說，無疑是個天大的福音。對行政部門而言，創意政策獲得更多資訊和政策回饋之後，更可以做為往後施政依據。

就現有訊息來做初步判斷，即使受限於發放規模，並取決於實際執行績效，以致振興券能不能是一場疫後及時雨，仍有待觀察。但其政策創意恐怕不宜完全抹殺。

話說回來，刺激經濟最有效的方法，仍然是針對社會所需的基礎建設做公共投資，例如大規模都更。至於如何回應後疫情時代的來臨，長期經濟轉型策略才是關鍵。

（本文原載於二〇二〇年六月二日《天下雜誌》線上專欄。）

III 公平與公平會經驗

一、何以應該在意公平這件事？

心有理智不知道的理由。

——《沉思錄》法國哲學家巴斯卡（Blaise Pascal, 1623-1662）

據說人類在懂得用火和灌溉，生產力提升之後，慢慢有了剩餘。上天卻很快送來一份意義不明的禮物：人類不平等。毫無疑問，那些比較聰明、敢冒險，以及具有說服力的人，就會拿走大部分的剩餘，即西方片語中的「獅子那一份」（lion's share），而人間紛擾於是產生。公平正義不僅抽象，也很難定義。但一如古希臘哲人柏拉圖所說，必須要等到實際追尋之後，才能夠稍微體會此一「高貴而喜悅的經驗」。

最常被賦予的公平概念是平等權。例如我國《憲法》第七條規定：「中華民國人民，無分男女、宗教、種族、階級、黨派，在法律上一律平等。」亦即每個人都應享有同等的權利，並負擔同等的義務，不得有歧視或差別待遇。

然而，即使公平的內涵和平等密切相關，卻又不只是平等而已。很多人都不喜歡齊頭式平等（egalitarianism），因為這種平等模式忽略了個人的能力和努力。事實上，真正的公平必然隱含差別待遇，例如財政學上除了「水平公平」（相同所得位階應該繳納相同的稅）之外，尚有「垂直公平」（所得愈高的人應該繳納愈多的稅）等準則。

有趣的是，在競爭法（公平法）領域，交易買賣原則上不能進行差別待遇（訂價），除非擁有正當理由。如此規範，其實就已引入公平概念作為執法標準，反而成為競爭法學理中的異數。競爭法的執法核心在於約束市場力，並非行為本身是否違反商業倫理。例如超過一定規模的企業之間彼此併購仍須接受審查，即使行為本身並未涉及任何不公平手段。

談起公平，有些人強調程序、過程或遊戲規則，有些人則認為結果、分配或實質公平比較重要；或認為，公平只是一種「事後」（ex post）的觀察標準，不能作為「事前」（ex ante）評價依據，可說眾說紛紜。

羅爾斯的道德哲學兼顧公平與成長

我自己比較喜歡的是哲學家羅爾斯（John Rawls）的「弱勢者利益最大化原則」（maximin

principle），很人性又不教條，而且是個很實用的個人行事和公共政策判斷準則。

羅爾斯在其名著《正義論》（*A Theory of Justice*）裡揭櫫最佳社會的兩大原則，一個與自由有關，另一個則和分配物質資源有關。這些原則都必須依序被滿足，要等前面原則符合之後，才能進入下一個，亦即所謂「辭典式」（lexicographic）序列。

首要原則：每個人都有平等權利享受基本自由。

其次原則：包括機會公平均等原則，以及差異原則。差異原則堅持，唯有社會最底層、最弱勢階級的福祉獲得改善，整體社會福祉才算是有所提昇。

換言之，只有在社會處境中最弱勢者的利益被優先考慮之後，才能容忍任何社會或經濟的不平等。

我覺得幾乎每年都會有的「最低工資」調整爭議，相當程度也可以應用此一說法。雖然晚近勞動經濟學界透過卡德（David Card）和克魯格（Alan Krueger）等學者的努力，已藉由嚴謹和極具說服力的城市對照實驗，證明適度提高最低工資，並沒有造成失業增加等主流經濟學的疑慮。卡德等人甚至因此獲頒二〇二一年諾貝爾經濟學獎。

話說回來，應用到所得或財富分配不均議題的時候，羅爾斯的差異原則和新自由主義的「涓滴效應」就有很大的差別。前者雖然容忍不平等，但以中下階層（the bottom half）的利益有所增進為前提。例如更重視中位數（median）工資或所得，而不只是平均（average）

工資或所得。中位數指的是人數累積到全體一半時的數值，遠比平均數更能呈現分配不均的訊息。

此外，羅爾斯的差異原則和重視經濟成長的論述相容，因為經濟成長之後，社會才更有資源照顧經濟弱勢族群。至於新自由主義則認為，經濟成長之後，好處自然會自動外溢到弱勢者身上，所以政策上並不會針對所得重分配著墨太多。

羅爾斯的差異原則和邊沁（Jeremy Bentham, 1748-1832）的「效益主義」（Utilitarianism），又有何不同？

效益主義又稱功利主義，衡量標準只重結果、不問過程，政策原則在於謀取最大多數人的最大快樂或效益（用）。效益主義對所有人的快樂或樂趣都一視同仁，隱含貴族和平民都放在同一天平看待，在十八、十九世紀提出，可說相當進步、激進。

效益主義認為品味不分高低，所以讀詩、看莎士比亞戲劇或從事低級趣味活動，只要能帶來幸福感，都一樣好。彌爾（John Stuart Mill, 1806-1873）後來對效益主義略有修正，主張快樂的衡量不應只是量，尚有質的因素，極力讚揚高等樂趣。

由於效益主義的政策原則在於謀取最大多數人的最大效益，自然必須考慮到效率。效益主義者認為，「公平與效率」之間，可能存在此消彼長的「抵換關係」（trade-off），因為過度重視公平往往會傷害生產誘因，所以兩者之間必須取得平衡。

但對羅爾斯來說，機會均等和差異原則遠比任何效率原則都優先。理由倒不是訴諸人類的慈悲心，而是因為謹慎而來。

想像中，既然每個人「事後」都有掉入社會最底層之虞，所以如果處於「事先」對自身條件（能力、家世）一無所悉，且對往後事態發展毫無把握（運氣）的「原初狀態」（original position），有如被蓋上一層「無知之幕」（veil of ignorance），多數人心裡應該都會贊成一種擁有最起碼待遇的遊戲規則，以防萬一。

據說源於聖經的智慧，「我來切、你來選」（divide and choose）的切蛋糕規則，大致上也能確保大家都吃到相同份量的蛋糕。理由則和羅爾斯的審慎原則雷同，因為負責切蛋糕的人不能先選，所以一開始切的時候，就會盡量切得平均。

何以「公平」供不應求？

至於何以人世間不公平的事情屢見不鮮？到處都聽到抱怨。剛到公平會上班的時候，常對朋友說一則笑話。

林肯擔任美國總統之後，有一次到監獄視察。其中有位受刑人說自己是林肯同鄉，頻頻喊冤之餘，堅持一定要向林肯當面陳情。林肯在聽完他的抱怨後，發現似乎並無任何特殊隱情，但在離去前對他保證：「請放心，我們一定會公平對待您！」

「我最怕的就是這一點啊，總統先生。」這位受刑人小聲地說道。

看樣子，林肯的這位同鄉，要的其實是特殊待遇或特權（privilege），而不僅僅只是公平（fairness）。

一般而言，人們通常會想比周遭的同僚、同伴更多一點、要好一些，而且只願意跟比自己情況好的人談公平。所以什麼時候才會想到公平？當自己處於劣勢的時候吧。以此角度觀之，這世界到處都有不公平的現象，也就不足為奇了，因為公平是缺貨的。

經濟學的訓練告訴我，凡是有價值（有需求）但供給不足的事物，例如讓社會更加公平、安全、美好，多半具有「公共財」（public good）性質。主要因為公共財的「非排他性」（non-excludability）此一特性而來。非排他性讓有價值的事物一旦被提供之後，除非在技術上能夠加以設限，否則就很難拒絕或排除只想坐享其成的人，很自然就會產生著名的「搭便車」（free riding）現象。

搭便車的人只想享受商品所帶來的好處，卻不想支付任何代價，甚至隱藏心中想法。其結果往往就是打從一開始，這些有價值的事物根本就不會產生，以致供給不足。一個和尚挑水喝、兩個和尚擔水喝，如果有三個和尚卻沒水喝，很可能就會是這麼一回事。

另以公有資源為例，一旦免費開放之後，常因過度使用而被摧毀，造成「公有地的悲劇」

（tradegy of the commons），背後道理也是如此。

公共財的次要特徵則是「非敵對性」（non-rivalry），即使更多人消費此一商品或勞務，也不會降低原先使用者的滿足水準。例如某個小鎮花錢建置了一組消防隊，一般而言多服務一個家庭，並不會影響對其他家庭的服務。

從事基礎知識創新或研發活動、透過所得重分配或消除貧窮計畫救援弱勢階層並讓社會治安更好，乃至在選舉期間花時間瞭解候選人的特色和政見，而且還出門去投票選賢與能以促進社會共善，這些都是公共財的典型例子，不妨想想，其共同特徵即是供給不足。

莎士比亞有一名言：「簡潔是機智的靈魂」。然而簡潔也是一種公共財，常會供給不足，例如開會或學術研討會，準時結束這件事可說相當困難。原因不難明白，常有與會者的主要發言目的並不在針對問題，而是為了展現自己的博學，以致發言冗長，反而顯得不夠機智。下次再遇到這種情況應該可以來想一下，留意是誰正在搭便車，佔用大家的寶貴時間。

人類行為動機包括追求公平

傳統經濟學比較擅長處理效率，特別是透過機會成本、邊際原則（含成本和效益）和經濟誘因等三大分析工具，對既有方案提出對案或提供其他選擇，仍然妙用無窮。至於對公平、乃至正義概念的探討，多半以「非經濟因素」一語帶過。「法律的經濟分析」理論大師波斯納（R. Posner）甚至認為「公平和正義這些蓬鬆的概念或用語並沒有實質內容」，所以難以擺進正統的經濟分析架構。

近來則由於腦神經科學的進步與行為經濟學的崛起，對這些原本存而不論的古老議題，有了新的探索和認識。

人們天生不喜歡不公平。以腦神經科學的講法，人類的腦海裡，可能存在先天「不公平厭惡」（inequality aversion）。根據腦神經科學的最新研究，人們在面對不公平待遇時，不管是自己或別人的遭遇，大腦主管厭惡或噁心反應的區域會變得比較活躍。

特別是拜「功能性磁振顯影」（fMRI）此一技術的問世，人類特定情緒和決定之間的關係，都可以透過顯影來加以研究。透過架接神經影像儀器，可以發現，當人們在面對不公平遭遇的時候，對應大腦厭惡區的燈會閃閃發亮。

有別於「理性自利」的經濟人只關心物質利益的假設，大腦「不平等厭惡」機制的發現，意味著人的行為會受到情緒的影響，尤其是具有互動性「社會情緒」（social emotion）。例如我們對他人感到羨慕、憤怒、厭惡或同理，而有別於恐懼、悲傷、後悔等「自發情緒」。

上述不公情事的影像顯影，足以說明人們的公平意識乃與生俱來，甚至人們可能願意為了公平，犧牲部分物質利益。換言之，我們對公平的要求，遠比主流經濟學的假設和預測要來得多。

德國經濟學家古斯（Werner Güth）在一九八二年進行的「最後通牒賽局」（the ultimatum bargaining game）著名實驗，更佐證了人的行為不單單只考慮物質利益，更會受到公平意識的影響。

最後通牒賽局的設計很簡單。

我將一百元交給您，由您和他人分享，至於分享多少則由您決定。遊戲規定：若對方接受您的提議，您們兩位就可以保有這筆錢，但如果對方不接受，那麼我就會收回這一百元。對傳統的經濟學來說，不管您提議多少，對方只要額外得到錢就應該要接受，因為從絕對值的角度來看，哪怕只是一丁點，必然也會提升參與者的滿足水準。

然而實驗證明，絕大部分的人都拒絕了「顯失公平」的提議。即使不是平分，但至少要給一定金額的錢，才願意會接受。確切數目不一，因為公平意識不僅因人而異，也隨著社會文化不同而有所不同。一般而言，被認為公允的數值大概介於四十元到四十五元之間。

「最後通牒賽局」的實驗結果，具有多層意義。

首先，這顯然跟理性經濟人的理論預測大有落差，尤其是衝擊「人乃自利」此一基本假設。人的行為動機顯然不完全只考慮自身的效用滿足水準（絕對值），通常也願意為了取得更公平的待遇（相對地位）而付出某種程度的代價，包括犧牲經濟效益在內。

擴大解讀的話，甚至可以說寧願犧牲自己的利益，也要懲罰他人的不公平行為。因為，拒絕顯失公平的提議形同破局，等於也是在懲罰對手的不公平行為。

其次，什麼樣的提議才會被視為公平呢？答案在於，這需要擁有理解他人情緒經驗或文化脈絡的同理能力。如此一來，才能正確判讀公平訊號，提出彼此都能接受的公平提議，最後促使協商與交易得以成局。

最後，公平意識意味著行事將會考量公平因素，然而公平意識往往並不只是單純的利他主義（altruism），有無互惠更是關鍵。因此，平時辨識出是哪些人凡事會重視公平就極其重要。

更重要的是，輕忽他人對我們平日行事作風是否符合公平性的在意程度，早晚會讓我們付出代價。若以經濟學者法蘭克（Robert Frank）的話來說，急功近利或機會主義者（opportunist），最後往往得不到機會（opportunity）。

行為經濟學的公平強調脈絡

著有《誰說人是理性的》（*Predictably Irrational, Revised and Expanded Edition*）等書，美國心理學教授，同時也是行為經濟學家的丹・艾瑞利（Dani Ariely），就曾在課堂上讓學生摺好紙飛機之後再予以撕碎。多數學生都反應說，感覺有點心痛。

稟賦效應（endowment effect）俗稱宜家效應（IKEA effect），指人們會更看重自己參與創造過程的東西，而且一旦擁有特定事物或權利，就會更加看重。

> 比起未擁有時，我們會賦予實際擁有某件物品或處於某種狀態（不僅限於財富，也包括身分地位、權利、意見等）時，較高的評價。亦即，「要放棄所有物時」，所要求的補償金額，會大於「未擁有此物但欲取得」時的願意支付價格。
>
> 引自《有限理性》，友野典男

稟賦效應和現狀偏誤（status quo bias）都源於損失規避（loss aversion）。損失規避指的是，同樣是變化，在獲得（gain）與損失（loss）等量的情況下，人們對損失的感覺遠比獲得更強烈。人們對損失的排斥或恐懼強度，大致是獲得快樂的兩倍到兩倍半之間。

比起獲得，人們更加厭惡損失，所以通常不願輕易讓出擁有的事物、權利、地位、意見或改變現狀。重點在於，對稟賦和現狀有偏好，並非單純源於經濟原因，重點更在於心理因素。

換個角度來看，失去所有物通常會記為損失，而這比「有機會取得但尚未實現的利益」（機會成本）更受重視。我相信這在法律執行或政策擬定都有意義，特別是對既有權利和預期利益的感受和評價都會有所不同，並影響公平與否的感受。

換言之，人們對公平概念的理解，包括判斷哪些交易條件是否符合公平性，可從稟賦效應加以觀察。

如果買賣雙方已將他們「向來習慣的交易條件」（例如免費）視為理所當然，以此現狀當作參考點，甚至已經強烈到構成權利主張（稟賦），那在任何條件上的退讓都會被看成是一種損失，並認為「這不公平」。

這一方面意味著，某個行為和狀態的變化是否公平，可依據參考點（特別是原來的定價或權利）及其移動的方向來做判斷。另也隱含，參考點可以是一種期待或心理狀態，亦即可透過論述或建構來加以影響，甚至操縱。

當景氣不佳時，多數人會比較容易接受企業「取消折扣」，而非「直接漲價」。因為折扣通常被視為一種「預期利益」，消費者不致認為那是一種權利或不應變動的交易條件。

簡單來說，評判公平與否，通常是以社會大眾認為當事人是否擁有某種權利，作為判斷框架。至於某種權利所指究竟為何？康納曼（Daniel Kahneman）和塞勒（Richard Thaler）等人為了解決此一問題，在一九八六年提出「雙重權利原則」（principle of dual entitlement）。他們認為，交易者擁有延續過去交易條件做為參考點的權利，而企業則擁有收益平衡做為參考點的權利。然而，企業不得為了增加利益，而擅自侵害作為交易對象參考點的價格、房租、薪資等權利，那樣做會被視為不公平。

此外，同樣是漲價，但人們對於來自供給面（成本面）或需求面的原因，看法和容忍程度並不一樣。一般而言，對起因於生產成本增加的調漲價格行為，大家會認為相對符合公平而比較能夠接受。

無論是社會偏好、社會影響或社會規範，都可以看成是以「社會脈絡」做為參考點。行為經濟學能從稟賦效應出發，既豐富了公平意識的討論基礎，也增加其判斷標準，哪怕只是一小步，都很寶貴。

另從經濟人擁有「無限的自利」，到行為經濟學認為「公平意識」或「公平認知」可能取代部分物質利益，甚至影響經濟決策，這可真是一大步。

專欄三：法國「黃背心運動」與能源「公正轉型」

競爭和合作是人類生存和進步的兩大手段。競爭固然會帶來效率，但有其後遺症，例如出現過度競爭。台灣早年的升學主義和晚近的高房價現象，原因固然很多，但性質上頗類似「軍備競賽」，最後都會導致資源浪費，整體福利下降。

除了競爭之外，人們往往更需要合作和協商，而合作和協商的基礎，主要由權衡利害得失，以及是否公平等感受而來。這裡的公平感受，除了權利、效益（好處）、機會之外，更包括負擔（成本）的分配。

二〇一八年底，就在國際油價持續上揚之際，法國馬克宏政府宣布，將調高燃油稅作為再生能源等綠色計劃的開發補貼。但如此一來，法國的柴油價格將與汽油一樣昂貴，不僅立刻對郊區居民和農民造成龐大負擔，並引發持續達兩年之久的「黃背心之亂」。此一事件讓我們知道，即使政策方向立意良善，但不能忽略能源「公正轉型」（just transition）的重要性。

整體而言，實現長期利益，往往需要先克服短期（眼前）的成本負擔問題。而公平負擔才能減少抗拒。

延伸閱讀

《誰說人是理性的：消費高手與行銷達人都要懂的行為經濟學》，丹・艾瑞利（Dani Ariely），天下文化，二〇一八。

《情緒賽局：揭開決策背後的情緒機制》，艾雅爾・溫特（Eyal Winter），大牌出版社，二〇一九。

《有限理性》，友野典男，大牌出版社，二〇一九。

《哲學經典的三十二堂公開課》，奈傑爾・沃伯頓（Nigel Warburton），漫遊者文化，二〇一六。

二、公平會三大角色迷思（想像有一場導覽）

一生中能有機會實際參與民主合議過程，是一件幸福的事。
——約翰・彌爾（John Stuart Mill, 1806-1873）

彌爾的這句話，一直是我到公平交易委員會擔任委員之後的座右銘。這幾年下來獲得了些許歷練和成就（心存感恩不在話下），但也看到不少有趣並值得深思的現象。

這是一份帶有任期保障的公職，需要具備法律或經濟專業（同時擁有更好），並「依法獨立行使職權」。除了學理、學說之外，對產業概況和商業運作實務也必須有所掌握。畢竟是在執法（準司法權），攸關人民權利甚鉅，輕忽不得。

最酷的地方則在於，當看法和多數意見不一樣的時候，公平會組織法甚至明訂，可寫「不同意見書」並公諸於世。對好發議論的人來說，這裡簡直就是天堂，已經沒有比這個更理想的設計。

公平會是在一九九二年一月二十七日掛牌運作，二〇二二年初舉辦過三十週年慶祝活動。最近特別查閱了一下三十多年前的立法院公報，嘗試從相關議事錄中，多瞭解一下台灣第一個專業獨立機關的建制始末，同時也對前輩先賢的遠見聊表敬意。

顯然無法一一列舉，但創建過程中有幾位特別具有代表性。分別是學界的廖義男教授（台灣公平法之父）、負責籌備並出任首屆主委的王志剛部長（前經濟部長），以及審查認真、言之有物的盧修一和林鈺祥等立法委員。公平會委員不得參與黨政活動、同一政黨委員人數不得超過總額二分之一等規定，當初即來自盧修一的堅持。

當時台灣正積極推動經濟自由化（尤指國營、黨營事業）、法制化（擺脫人治），並努力和國際接軌。解除管制和如何再管制、建立產業競爭秩序，以及確保消費者權益等，都是重要課題。成立公平會即在促成這些目標，確實是一塊台灣經濟治理史上值得大書特書的里程碑。

公平會的運作方式採委員合議制，包括主委、副主委在內，一共有七位委員。三十年來幾經變化，目前委員之產生則由行政院長提名，經立法院同意後任命，任期四年。

上帝原本訂做一匹馬

據說，上帝原本訂做一匹駿馬，但經過大家開會合議、七嘴八舌之後，等到交貨時卻發現來了一隻身形奇特的駱駝。

不過請放心，這種事情在本會應屬罕見。公平會內有素質整齊的優秀文官，且經過多年淬鍊，業已累積相當豐富的辦案經驗和案例。針對重要類型的案件和處理方式，更訂有不少處理原則（以拘束內部執法為主）。所以在評價個案時，大致具有穩定性。

此外，公平會對事業的任何行政處分，如果當事人不服，另可訴諸行政救濟程序。除了內控程序嚴謹之外（一經立案都須掛上委員承審），處分結果仍必須接受外界檢視，包括行政訴訟攻防，以及來自學界、法界，乃至輿論的監督。

這個以公平會執法為核心的生態系（含知識社群）雖然不大，但就我觀察，堪稱活潑多元，理論結合實務的典範。

合議過程難免有時候處於多數，有時候居於少數。處於多數時如何能為少數留餘地，居於少數時又該如何自處、進退有據（優雅從眾、舌戰群儒或堅持到底），在在都是大學問。其中有理、力和意志的對決，或和諧呈現。

就我親眼所見，二〇一七年的高通處分案及隔年的訴訟和解案，以及近來針對跨國科技巨擘的處理方式，都極具衝突性。特別是當委員之間的見解或立場出現重大分歧時，如何找到彼此妥協方案，更是考驗與會者的智慧。

然而，什麼樣的妥協方案足以讓整體滿足水準提昇，同時可減低少數方的挫折感？一直是我比較感興趣的部分。如以經濟學來做比喻，有點類似透過套利（arbitrage）過程，以求取更大的消費者剩餘或福利。

關鍵在於每個人對個案好惡的強度不同。有些人特別在乎、敏感，有些人則沒那麼在意，甚至無關緊要。如能加以揣測或感受，即可能發掘足以增加大家滿足水準的折衷方案。

維護競爭與消費者權益

機關和人一樣，每隔一陣子都應該問一次「存在的理由」，比較不容易迷失方向。公平會其實就是國際上通稱的競爭法機關。主要成立宗旨在於促進市場有效競爭（正式表達方式則是禁止反競爭或實質減損競爭行為）和保障消費者權益。

在國際上，競爭法機關常被暱稱為捍衛這兩項價值的「看門狗」（watchdog）或「守護人」（champion）。二〇二二年有一齣日劇「競爭的番人」，內容即取材自日本公平會（公正取引委員會）的收辦案件，而日語的番人，意思就是守門人，重要性不言可喻。

公平會的首要任務即在於防止「獨占濫用」和「聯合行為」（串謀），避免限制或傷害市場競爭。

獨占或壟斷（monopoly）用語乃源自經濟學，原指只有一家供應商的市場結構。但在競爭法的脈絡下，意義稍有不同。競爭法上的獨占或壟斷，大致可理解成事業（廠商）具有相當市場力（market power）或支配力（dominant power），亦即產業結構未必只有一家。

市場力或支配力指的是事業自主決定價格、數量、品質等交易條件，而不必考慮競爭對手反應的能力。比較具體的表達方式則是訂價超過成本（邊際成本）的幅度，愈高者往往也表示市場力愈大。

一般而言，當廠商本身的規模愈大、市場集中度愈高（參與競爭的廠商家數不多或產品具有高度差異性），而且進入市場參與競爭存在障礙（法規限制或營運門檻高）的情況下，比較可能出現具有市場力的廠商。

簡單來說，獨占並不違法，亦即事業具有市場力或支配力並不違法，但濫用這些優勢地位的行為（例如差別待遇、搭售）才有可能構成違法。經濟學稱之為「單方行為」（unilateral conduct），競爭法上的慣用語則是「濫用支配地位」（abuse of dominance）。

另就一般習稱的「卡特爾」（cartel），或不法聯合行為（coordinated conduct）來說，尤指處於同一生產或銷售階段（水平競爭）的事業之間，事先就價格和數量等重要影響銷售決定的因素進行串謀（collusion）。

串謀什麼呢？相互約定彼此不進行競爭。經濟學早已證明，串謀的結果一定是帶來更低的產出和更高的價格。這不僅對消費者不利，就資源配置效率的角度來看，更是一種損失。

經濟學的效率，其實很玄妙。除了創新等動態效率、生產技術效率之外，更包括資源配置效率，而資源配置效率即隱含消費者的主觀評價。

此外，不像大部分先進國家的競爭法機關，台灣的公平會一直沒被賦予「搜索扣押權」，以致深深減弱查察聯合行為的力道。還好近來公平會已將檢舉獎金提高到最高一億新台幣，希望有助於改善此一期待與現實出現落差的窘境。

從介入時間的角度觀之，競爭法機關絕大部分的案件模式都屬於「事後處分」，唯有結合案的審理算是「事前管制」。

「結合管制」（merger control）因和限制競爭有關，也屬於公平會管轄。具相當規模或市占率的事業間併購，必須向公平會提出申請（申報義務）。而公平會通常會在完成受理之後一定期限內（三十個工作天，必要時得再延長六十個工作天）做出准駁，亦即做出不禁止或禁止其結合的決定。

事業之間進行結合，尤其是如果彼此擁有互補性資產或特質，一方面推論得以透過「規模經濟」來降低平均生產成本，進而發揮經濟綜效，並提升生產力；另一方面，由於併購往往導致參與競爭的事業家數減少，或讓股權和控制力更加集中，以致可能實質減損競爭。所以公平會必須針對個案條件加以審理把關，權衡結合後的利益與不利益，然後做出決定。

以上大致就是傳統競爭法機關的核心業務，也就是大家常聽到的「反托拉斯」（antitrust）。一八九〇年美國國會通過「雪曼法」（Sherman Antitrust Act），允為人類近代史上，規範市場競爭秩序最重要的一部法律。一九一四年的「克萊登法案」（The Clayton Act）和「聯邦交易委員會法案」（Federal Trade Commission Act）都可視為雪曼法的補充性法案。

這裡講的「托拉斯」（Trust）就是當時橫跨鐵道、鋼鐵等產業，力量愈來愈不受控的商業巨獸。此一旨在削弱大企業操控市場能力，亦即分散經濟權力和政治權力的立法，後來導致「標準石油」在一九〇六年被拆解。

促進經濟自由與經濟民主

當時美國總統老羅斯福（Theodore Roosevelt Jr., 1858-1919），即是「進步主義」思維的代表人物，更因此被冠上「托拉斯剋星」（Trustbuster）的名號。他甚至認為，由於資本主義、社會主義和無政府主義這三者往往容易「劑量過多」，稍有不慎反而有害，所以反托拉斯法正好可成為另一種選擇。

發展至今，反托拉斯法或競爭法已成為政治光譜左右兩端都可接受的妥協方案。重視經濟效率，比較右的人從中看到市場競爭秩序和經濟自由條款。強調社會公平，比較左的人則會期待，藉由嚴格執行反托拉斯法來抑制大企業的市場力量，並促進企業之間的競爭程度，間接有利於提升整體勞動階級面對資本家時的議價能力。此時，他們看到的是經濟民主。

公平會的次要任務則在規範不公平交易行為或排除不公平競爭，根據當初設立宗旨，這部分最主要的目的在於保障消費者權益。此外，排除不公平競爭也等於在促使廠商憑本事賺取利潤，並把資源投注在正派經營的地方，間接提升整體經濟效率。

公平法所指的消費者，基本上是全稱或泛稱。如果是個別交易與消費爭端，不影響市場供需功能的話，通常會被歸類為消費者保護（消保）或民事訴訟。包括美國、英國、德國、澳洲等國在內，絕大部分國家的競爭法機關，同時也兼掌消費者保護政策和消費者教育。

不公平競爭主要察看競爭者的行銷手段是否逾越商業倫理，或行為本身是否值得非議（甚至是非難），一般而言比較不看重其市場力高低，主要包括不實廣告及部分構成「欺罔或顯失公平」的行為。公平會另有一項外掛業務，即主責「多層次傳銷管理法」，也是屬於此一範疇。

由於屬性不同和立法沿革，針對限制競爭和不公平競爭，國外的作法通常是區分成兩部法律（例如德國），甚至歸由不同的主管機關負責（例如日本）。因緣際會，台灣的公平法則同時涵蓋限制競爭和不公平競爭兩大部分。

有趣的是，或許正由於公平法將這兩者治為一爐，在處理日益棘手的數位平台議題時，反而獲得優勢。此話怎講？

所謂日益棘手指的是，在數位經濟時代，競爭、消費者權益和隱私保護等三大議題的界線都已逐漸模糊。這些科技數位平台所引發的競爭問題，主要應在於廣義的公平概念和消費者權益這兩者是否獲得確保。

此外，在數位經濟時代，消費者權益不只是作為保護競爭秩序的所謂「反射利益」。亦即如果能從不公平競爭的角度切入，直接以消費者（使用者）作為保護客體，反而比較容易找到解決處方。包括新聞付費等問題，也許都可從此一觀點找到解答。

換句話說，競爭法更加貼近消費端及其保護，早已成為發展趨勢，近來隨著平台經濟的興起，更是如此。就台灣來說，未來執法方向應可側重不公平競爭，而非一定以較為嚴峻的限制競爭相繩。

社會上對公平會的迷思還真不少。首先是因為機關名稱帶有公平二字所導致的誤解；其次是和物價的關係常被過度期待，以及作為一個法定獨立機關，所謂獨立性的用意和分寸為何？更要緊的是，平台經濟興起之後，公平會的角色扮演和自我覺察，能否與時俱進並符合國家發展需要，外界向來關心。

公平會身世

命名是件極其重要的事，因為名字常會影響自我認知，甚至外界期許。

「是不是生活周遭很多不公平的事或苦情，都可以向公平會檢舉投訴？」不時會有親朋好友跟我開類似玩笑。

來公平交易委員會（Fair Trade Commission, FTC）服務已經好一陣子，也曾認真推敲過這個行政部門的名稱由來。

因為亞洲的競爭法先行者日本、南韓也同此名稱，且台灣遲至一九九一年才完成立法並在隔年實施，所以機關名稱的由來，應是效法日韓的可能性居多。雖然「trade」的原意是交易，但使用上如果沒有特別交代，則多半指向國際貿易。

英文名稱帶有「fair trade」在這裡雖無關宏旨，但的確很容易產生誤解。在國際貿易領域一般譯作「公平貿易」，且有多種意涵。例如公平貿易運動（公平咖啡）、貿易政策中的反補貼及反傾銷措施，以及在和「自由貿易」相提並論時，代表一種貿易保護主義。

推測應該是由當初日本模仿美國的競爭法機關——「聯邦交易委員會」（Federal Trade

Commission, FTC）的名稱，搬字過紙而來。無論如何，千萬別把美國的FTC翻譯成「聯邦貿易委員會」。

公平會的法定執掌和角色比較利益所在，應該還是在和市場交易有關的競爭議題上面。而且經濟效率和消費者福利（價格、品質和選擇）才是核心評判標準。

和其他價值相比，例如人人都琅琅上口的公平，經濟效率和消費者利益具有相對客觀和容易量化等優點，所以比較容易形成內外與前後一致的標準。這部分主要是來自經濟學的貢獻，更間接促進國際間競爭法機關的對話與合作，因為逐漸擁有更多的共通概念和語言。

那為何要促使市場有效競爭？首要理由在於，有效競爭等於是在鼓勵創新。

從需求面來看，如果需求固定，競爭必須互相取代，好比在「紅海」內自相殘殺（cannabilization）。創新則因為創造出新的品味或需求，有如開拓新「藍海」，可避免重疊；就供給面而言，創新等於是藉由更有效率的生產方式來降低成本，而且得以服務更多的消費者，因為更多的消費者得以享受原先付不起的消費。

其次，因為生產性或經濟資源有限（稀少性），人們最好還是透過市場競爭來爭取資源，這對整體社會的財富創造比較有利。不然的話就必須藉由政治運作或親疏關係等途徑來從事資源分配，非但沒有效率，而且難以預測。

尋租或競租行為（rent-seeking），講的就是這種浪費社會資源的現象。好比為了職位升遷，大家都拼命送禮給長官，這些送禮行為本身沒有為整體社會貢獻任何產值，也就不具生產力。

這些經濟學分析並沒有訴諸公平與否，主要仍是經濟效率考量。廠商針對個別消費者「差別待遇」訂價、取價，可能違反競爭法這件事，倒是個有趣例外。

就同一商品，差別訂價可讓賣方針對不同類型的消費者賣出不同的價格。推到極致就是「完全差別取價」，亦即針對每個消費者都依其心中的願付價格來訂價。由於比起單一價格，差別訂價將有更多消費者買到商品或被服務，可說更符合經濟效率的標準和要求，甚至更接近完全競爭市場的水準。

然而，相信絕大部分的人都會同意，如果廠商藉由個資蒐集等方法，在偵測並察知消費者的「願付價格」之後，透過完全差別訂價來榨取「消費者剩餘」，而且全部轉成「生產者剩餘」，這件事並不公平。

一筆交易會發生，隱含這筆交易同時會對消費者和生產者帶來好處，並為整體社會創造價值。對消費者有利的部分稱之為「消費者剩餘」，因為消費者從事此筆交易所獲得的效用，會超過市場評價（供需均衡價格），否則一開始不會願意購買。對生產者來說，也是如此。生產者願意從事生產並交易，是因為會從中得到「生產者剩餘」，亦即市場評價（供需均衡價格）超過生產成本，否則一開始不會願意從事生產。至於特定交易中，到底是消費者或生產者拿到比較多的剩餘？則取決於雙方的議價能力或市場供需條件。

「完全差別取價」的例子很能夠說明，在競爭法上經濟效率並非一切。此一商業模式以往只存在於教科書中，但隨著網路與數位經濟的崛起，未來應該很快就會出現案例。

不能也不宜直接管制物價

逢年過節或一如物價蠢蠢欲動的時刻，公平會總是會被點名，出面扮演「道士嚇鬼或抓鬼」的角色，呼籲各方切莫以身試法。

特別是在春節前夕，我自己就簽過好幾次擬辦單，針對一般年貨或手搖杯的價格，是否有聯合調漲之嫌立案調查。

民主政治就是民意政治，一定程度也是表演政治，此時此刻透過宣示或具體措施，替人民「看緊荷包」，誰曰不宜？

對同是政府機關的公平會而言，和物價有關的部分，主要則是關於不法聯合漲價行為。一般的物價除非法令另有規定（例如疫情期間的口罩等防疫物資），否則不僅管不得，也管不來。

此外，對經濟學原理稍有涉獵的人都知道，如果是一般性的物價水準，主要是總體經濟現象。就個別商品或勞務價格的決定，在自由經濟的體制下，除非違反法律禁制規定，否則應屬企業的營業自由。

市場經濟的核心精神乃在於價格機制。價格攜帶著極其重要的市場供需訊息，甚至可以有效分配風險（誰願意承擔、承擔多少）。一旦價格受到扭曲，不僅傷害靜態的資源配置，長期而言更會影響創新活動。

若以裁罰金額高低作標準，所有公部門之中，要屬公平會所配備的武器最具嚇阻力量。這可能也是如有物價波動，公平會屢屢被推到最前線的原因。甚至釀成二〇二二年三月的「鬼金棒事件」。

鬼金棒是台北一家知名日本拉麵店，僅有三家店面。二〇二一年二月間老闆在社群媒體提到，多年來因人事、食材、水電等成本都已攀升，所以近期內將會調整拉麵價格（亦即這些年來價格一直維持不變），希望顧客能夠體諒。

沒想到老闆此舉卻被公平會正式發文調查，要求鬼金棒提出相關單據，解釋他所言不虛。這位老闆顯然是個性情中人，事後發文調侃公平會不食人間煙火。

整件事情確屬荒謬，而且嚴重不妥。因為無論是鬼金棒的市場地位（營運規模）或所作所為，沒有一項可能違反公平法規。

物價是否穩定當然要重視，但由公平會發文給鬼金棒這種規模的店家，應該無助於緩和物價上漲壓力吧。更重要的是，這對人力有限，正辦應放在維護競爭秩序的公平會來說，確已造成傷害，特別是專業形象和辦案時間排擠。讓公平會趕緊去查察不法聯合行為等競爭法案件，才能真正有助於防範不當漲價。

附帶一提，就物價來說，「俗擱大碗」固然普受歡迎，但長遠來看未必是一件好事。價格被低估的後遺症不少，有些是隱而未現（資源浪費和品質不佳），有些則是機會成本（包括不利創新出現），就連各行各業普遍低薪的問題，相信部分也跟價格結構有關。

事實上，低價也等於是在補助富人。真要照顧低收入和有需要的人，比較公平且有效率的作法應該還是先找到他們（target），然後直接、精準，而且慷慨地予以補助。

獨立機關的強大規範力量

我知道有些巨賈大亨，在商界叱吒風雲，政治上趾高氣揚，但卻怕公平會發文調查或必須到會說明。更曾親眼看過跨國大企業，不管是哪類科技巨擘，由於他們的法遵意識特別高，對公平會此一競爭法機關更是畢恭畢敬，不敢怠慢。

每年只有區區三億餘元新台幣的預算，公平會的規範力量到底從何而來？答案在於這個專業機關的獨立性。

競爭法機關被賦予獨立行使職權之設計，主要在於建立社會信任。首先必須避免受到短期民粹（詳專欄四〈獨立機關與現時偏誤〉）、政治因素或商業遊說干擾，所以執法才會具有一致性和連貫性，並累積專業能力。仔細想想，這對任何位階的行政首長，都是莫大福音。

根據「中央行政機關組織基準法」，獨立機關指依據法律獨立行使職權，自主運作，除法律另有規定外，不受其他機關指揮監督之合議制機關。另就獨立機關之建制目的來看，司法院大法官釋字第六一三號解釋理由書指出：「承認獨立機關之存在，其主要目的僅在法律規定範圍內，排除上級機關在層級式行政體制下所為對具體個案決定之指揮與監督，使獨立機關有更多不受政治干擾，依專業自主決定之空間。」

然而「徒法不足以自行」，除了法律規定之外，更重要的是整個社會尊重與信任獨立機關的文化，否則規定再多、陳義再高，也只是聊備一格。對法定獨立機關是否尊重，更是測試國家經濟治理品質好壞的石蕊試紙。

獨立性的本質是主體性。所謂主體性並不是我行我素，既不受任何節制也不做任何協調，而是本於法律授權的範圍與目的，根據專業勇於判斷和擔當。於是，我們會說這個機關具有「整體性」（integrity），而且是個「能動者」（agency），擁有達成組織原先設計目的和實現國家政策目標的能力，以及民主正當性（legitimity）。

公平會作為法定獨立機關的組織設計很特別，其運作模式允為當代台灣政府體制運作的重大突破，值得珍惜。期待此一競爭法機關繼續扮演好市場裁判與規範者的公正角色，這對台灣無比重要。

枯木逢春：競爭法機關與數位經濟

在很多人的印象中，公平會是個冷門機關（封建用語則是衙門）。從傳統的總體經濟管理角度，確有幾分道理。主要理由在於，財政、貨幣政策，甚至貿易政策，都屬於需求面，比較重視短期效果，而且容易被察覺。

至於競爭政策，規範的是市場交易秩序，影響的則是產業結構和長期生產力，屬於供給面和經濟治理層次。一般而言，比較不搶眼。在國外，除了大型的併購案較受矚目之外，大致也是如此。

但隨著數位經濟時代的來臨，反而讓競爭法機關枯木逢春，甚至緊扣國家發展。平台經濟的商業模式確實相當特殊，而和競爭法的關係非常微妙，既帶來立法、適法與執法上的諸多難題，卻也讓各國的競爭法機關更受重視。尤其是谷歌、臉書、亞馬遜等跨國科技巨擘（或巨獸）的影響力與日俱增，各國政府以競爭法機關為首、其他管制機關為輔，莫不嚴陣以待。

積極立法的有之（例如德國、歐盟）、建置新單位的有之（例如英國、南韓），增加預算、擴編人才的有之（例如日本）。台灣又該如何看待和對待平台此一時代議題？坦白說，上策究竟為何，我自己也仍在思考與探索。只知道如果沒有戰略觀，繼續以不變應萬變或只做個案零星回應，絕對會是下策。

執行公務或審議個案時，永遠都會遇到一個兩難，亦即過度執法（over enforcement）和執法不足（under enforcement）這兩種錯誤之間的權衡。統計學上稱過度執法為「偽陽」（false positive）或「型一錯誤」（Type I error），執法不足為「偽陰」（false negative）或「型二錯誤」（Type II error）。

所謂的勿枉勿縱，過度執法是冤枉，執法不足則是縱放。究竟哪一種錯誤比較嚴重呢？這確實是個有趣的問題，恐怕很難一概而論。我的看法是，如果所做決定的後果影響深遠或傷害很難恢復，例如涉及人權議題，則寧縱勿枉，所以過度執法下的型一錯誤比較嚴重。其它問題則型二錯誤應逐漸獲得重視。比如說，有個村落不時傳出有猛獸出沒，可能傷人，「寧可信其有，不可信其無」，此時比較合理的作法應該是派人去看看或立案調查。換句話說，在這種情況下，執法不足或型二錯誤的後遺症顯然比較大。谷歌、臉書等跨國科技巨擘，在台灣所引發的競爭疑慮與規範不足問題，也應作如是觀。

二〇一六年底，我收到消息，得知將被提名為公平會委員的時候，手頭上有幾本正在看的書，其中一本是齊邦媛女士的《巨流河》。由於書中提到美國小說家霍桑（Nathaniel Hawthorne, 1804-1864）的短篇小說《人面巨石》，看書有如跑野馬的我，自然也就跟著找來一讀。

這則故事的場景是在一座山谷，從山谷中遠望出去，隱約可見有塊巨石愈來愈像人臉，堅毅又祥和的模樣。故事的主旨是要讓讀者猜測，在出身山谷的眾多秀異人士當中，到底是誰最像這張臉？

最初的候選人裡面，有過氣的政客、退役的將軍，以及落寞的大老闆。三位顯然都曾經叱吒風雲，不可一世。但到晚年卻都帶著相同的遺憾回到山谷。他們惋惜當初有力量的時候，沒有多做點什麼，並為此感到遺憾。

就在我有幸出任公職的時候，霍桑的這篇小說突然有了意義。千萬不要自我膨脹，但也盡量不要留下遺憾（回到山谷）。

專欄四：獨立機關與現時偏誤

人何以往往無法堅持初衷？以減肥為例，一開始訂定計畫時總是緊握拳頭，信誓旦旦要完成。但真正遇到眼前食物誘惑的時候，往往還是先享受再說。然後再度信誓旦旦、緊握拳頭。這種屢見不鮮的現象，和獨立機關之設置，又有何關連？

人們重視當前的程度遠遠高過未來，因為現在消費、享受的價值比未來高，所以未來的價值當然必須折成現值，經濟學術語則是「貼現」（discount）。把握當下或及時行樂（savoring）都是如此。

一般而言，我們對中長期的時間感受，則會比較有耐心（計畫時刻），但一開始的等待最是難耐（行動時刻），所以時間偏好並非「常數」，會隨著時間改變。一般稱之為現時偏誤（present bias）。

現時偏誤並不是延遲享樂（delayed gratification）的相反詞。前者強調，短期內超沒耐心才是人的本性，後者則指出，享樂之期待可以增加效用，以致把實際享樂時間往後延。

無論如何，事後來看就是時間偏好不一致（time inconsistency），以致我們常會拖延明知有益，甚至重要的事情。我想很多人都有類似經驗，規劃是一回事，行動又是另一回事。

既然人們已明知其中的利弊得失，但還是繼續「短視近利」，表示這種類型的偏誤，主要源自意志力或執行力不足，或所謂自我控制問題。

至於如何克服拖延習慣或現時偏誤的誘惑，主要有兩種方法。

第一種作法是公開承諾。例如公開宣布自己將戒煙或減肥。

「一旦做出選擇或採取某種立場，我們就會立刻受到來自內心和外部的壓力，迫使我們的言行與它保持一致」、「有如原始部落的成人儀式」，羅伯特·席爾迪尼（Robert Cialdini）在《影響力：讓人乖乖聽話的說服術》（*Influence: The Psychology of Persuasion*）一書中，針對承諾和一致的神秘作用，做了很精彩的闡釋。

第二種作法出自荷馬史詩《奧德賽》中的著名典故，或稱為事先承諾（commitment）。打完特洛伊戰爭的希臘英雄奧德賽，返鄉航程必須通過海妖（Siren）的考驗。海妖的歌聲甜美，卻會讓人發狂，以致船翻人亡。聰明的奧德賽事先讓所有的士兵都以白臘塞耳，然後命令士兵把自己綑綁於船桅。更重要的是，到時候大家絕對不能理會他的指令。

如此一來，奧德賽不僅可聽到海妖甜美的歌聲，更可確保人船平安，可謂兩全其美。

重點在於事先約束自己，以克服面臨誘惑時的放棄原則、干預、反悔等「現時偏誤」。小至升斗小民每個月把一筆錢固定存入難以提領或解約的帳戶，大到國家對外簽訂國際協定，對內設立獨立機關（例如公平交易委員會，國家通訊傳播委員會，甚至中央銀行），其實都是在仿效奧德賽的智舉。

延伸閱讀

《影響力：讓人乖乖聽話的說服術》，羅伯特·席爾迪尼（Robert Cialdini），久石文化，二〇一一。

三、平台新聞付費——澳洲創舉和紐西蘭模式神髓何在？

同仁：您未雨綢繆。

我：It's raining……

如何有效約束谷歌和臉書等跨國科技巨擘，讓在地企業獲得公平發展機會，同時保障消費者（使用者）權益，近年來雖然國內熱議不斷，但多半流於資訊分享和趨勢掌握，甚少能夠化為具體行動。

有關平台治理或大數據規範，國家層級需要更上位的戰略和清晰目標，一如德國高揭「數位主權」（工業4.0進階版）和日本致力於發展「超智能社會」（社會5.0）。沒有方向和沒有動能，基本上是同一件事。

對於科技巨擘所造成的各種失衡，台灣由於管制近乎真空（部分反映長期以來我們對規則、規格訂定的漠視），數位殖民之說，不脛而走。其中，數位平台是否該為新聞內容連結合理付費一事，在我看來就是一個活生生的案例，更是一塊試金石。

這件事情能否有所突破，不僅直接關係到傳統媒體的生存，乃至民主體制的運作品質，更是擺脫台灣公共政策領域長期以來「只有演化、沒有規劃」此一負面標籤的好機會。

更何況，台灣傳統媒體在中文世界有其特殊性，無論是在文化或政治上都扮演重要角色。所有對此問題有深刻認識的人，莫不心急如焚。

二〇一七年數位廣告過半

焦慮是有道理的。根據「台灣新聞媒體展望」的報告，二〇二〇年台灣整體廣告市場總營收約為八百一十七億新台幣，其中線上廣告即達四百六十億元。二〇一七年更是個分水嶺，線上廣告佔全體廣告比例從此過半，目前大約在六到七成之間，與世界各國相當。其中谷歌和臉書席捲其中八成以上。

除了電視和廣播市場板塊縮小之外，傳統平面媒體廣告銷量更是大幅下滑。以二〇〇三和二〇二〇這兩年來做比較，雜誌印刷廣告營收從新台幣一百零四億下降至十一億元，報紙的部分則從一百三十六億跌至四十三億元。

傳統媒體的經營日益困難，舉世皆然。原因固然很多，但和近年來因跨國平台崛起，廣告數位化之後，相關營收大幅流失密切相關。由於網路上的免費資訊豐富，加上大家現在閱讀和吸收資訊的習慣改變，傳統媒體式微和廣告營收銳減，確實難以避免；傳統媒體的內容需要透過數位平台增加點擊流量也是事實。

但這些並不是故事的全部。

首先，數位平台的商業模式有個共通點，亦即本身沒有產製任何資訊和內容，卻掌握最多的資訊和內容並據以獲利，堪稱史上最風光的「搭便車」行為。

以谷歌為例，沒有在地新聞媒體提供內容，再厲害通天的搜尋引擎，提供訊息的功能也不會完整，畢竟巧婦難為無米之炊。至於社群媒體臉書上面的內容，由於大概只有百分之十二左右和新聞有關，在新聞付費議題的重要性，則未若谷歌。

在商業邏輯的驅使和公共利益的要求之下，傳統紙媒和電視的新聞處理都必須遵循一定的行為準則，例如設有編輯台，擔負起嚴格的查證義務。

反觀社群媒體出現之後，一方面促使訊息產生和傳播的成本大幅下降，另一方面相應於其商業運作模式的法律與倫理規範卻尚未確立，於是「操縱與欺騙」變得更加划算。

在這種情況下，在地媒體一旦弱化，優質的新聞報導、政策監督和理性言論逐漸減少，甚至不復存在，進一步導致假、劣新聞取而代之。這不僅會傷害民主體制運作，長遠來看也不符合平台商業利益。

總之，平台經濟營運模式所帶來的議價（談判）能力失衡和不公平競爭才是問題關鍵。這裡的營運模式尤指網絡效應所產生的贏家全拿、掌握大數據優勢，以及高度不透明的演算法。

特別是現在很多活動都需要藉由平台來加以完成，因此平台的角色某種程度已是「準公用事業」，或有如港口、鐵道般的「基礎設施」，難以替代。

問題在於，所有跟這些巨型平台打交道的本土事業，以及使用他們所提供服務的人，還剩下多少說不的空間？換成專業術語則叫做議價能力有限，並造就了平台可能濫用支配地位的絕佳條件。

而且，在數位廣告實務上，由於平台同時掌握廣告需求和供給營運，既是莊家也是玩家，往往導致交易條件優惠平台自身（自我偏好）的利益衝突。此外，谷歌和臉書等跨國數位平台，都有極大的「去中間化」誘因，勢必壓縮在地廣告代理商的利潤空間。

再以谷歌和臉書為例，前者作為搜尋引擎第一把交椅，後者則是全球截至目前最重要的社群媒體。不管是營運規模、獲利率或影響力，兩家都是神級的數位科技平台。所謂神級的意思是，這些數位平台都是遊戲規則的制定者。

公平議價才是問題核心

數位平台是否該為在地媒體所產製的內容付費？這個提問其實有誤，至少不甚精確。因為數位平台早已為部分傳統媒體的部分內容付費。但主要由於議價能力不對等，特別是數位平台屢屢以演算法乃屬商業機密，不能公開透明為由，是否要分一杯羹，或給多少都是他們說了算。

總的來說，不公平競爭才是問題所在，說政府特別是公平會此一競爭法機關不宜介入商業議價行為云云，恐怕是劃錯重點，而且嚴重誤導。而不待立法（雖然正本清源但有如援引東海之水），這理應是台灣的公平會可以發揮的強項，例如根據公平法第二十五條的「顯失公平」條款主動立案或接受外界檢舉，即可加以調查，並立刻形成有利支點。

寓意是：搖到對的樹叢，並找到好的支點，果子才會真的掉下來。解決數位平台所衍生的問題，競爭法機關即使無法扛起所有責任，恐怕也不宜妄自菲薄，能否居間巧扮槓桿（leverage）角色，可說相當關鍵。

放眼國際，OECD（經濟合作暨發展組織）的競爭政策委員會，針對平台新聞分潤議題，特別召開會議集思廣益。會中已有學者就此問題提出「競爭傷害理論」（theory of harm），嘗試連結平台商業模式對傳統新聞產業的水平競爭影響。

澳洲新聞付費創舉令人鼓舞

澳洲在二〇二一年二月通過「新聞媒體與數位平台強制議價法」（News Media and Digital Platforms Mandatory Bargaining Code）。儘管仍有數位平台究竟是否為「媒體」（谷歌、臉書仍在抗拒此一歸類），以及競爭法機關介入特定產業管制是否合宜等爭議，但澳洲決心納管數位平台，要求他們必須為運用在地新聞內容付費的作法，堪稱「史詩級」的果敢行動。

主要是澳洲很清楚，如果繼續在這些問題上糾葛以致裹足不前，其所珍惜的傳統新聞產業必定會日益萎縮，乃至消亡，進而對民主體制的運作造成難以彌補的傷害。

除了歐盟已經表態支持且將在原先法規納入「澳洲模式」之外，並已引發各國群起仿效，引發骨牌效應。澳洲此舉不僅對規範平台行為的創意立法造成鼓舞，同時也為國際合作打下基礎。

在地傳統媒體相對於跨國科技巨擘，這兩者經濟力量嚴重失衡的問題，確實不是傳統競爭法所熟悉的領域。但澳洲政府顯然具有新思維，因此選擇出手。

「澳洲模式」的精髓究竟何在？

其一，巧妙結合他律與自律（mandated self-regulation），澳洲這部媒體強制議價法律，主要是把競爭法擴大應用到新聞內容和數位廣告產業。亦即著眼於數位化的媒體廣告資源，已被谷歌和臉書吸納殆盡這件事情的市場意義，以及所衍生的公共利益威脅。

針對使用新聞內容的合理付費問題，西班牙、法國和歐盟都曾先後修正著作權法（在歐盟層級則是「數位單一市場著作權指令」），擴大解釋「鄰接權」（neighbouring right），要求平台在使用新聞標題或連結部分內容時，必須先取得新聞來源機構的授權。根據蕭雄淋律師的闡釋，鄰接權原指表演家、錄音製作人，以及傳播機關所享有類似著作權之權利。

澳洲則開風氣之先，把視角從「法律權利」轉向「市場力」，首先由其競爭法機關立案進行產業調查，形成有力的牽制力量之後，再由各政府部門一起協力加以規範。

澳洲在二〇一九公布「數位平台調查」（Digital Platforms Inquiry）此一關鍵報告，發現科技巨擘的營運模式，讓澳洲的傳統媒體受創最深。以谷歌和臉書這兩家企業為例，大概已囊括澳洲六到七成的廣告營收，在各自的新聞媒體相關市場，已足以被認定為獨占事業，其行為須受到特別規範。

此外，澳洲在這部法律中納入「公共利益」考量，連結「民主運作功能、新聞品質、媒體多元」與消費者福祉。

演算法應更透明

其次，澳洲此舉不僅僅止於確保新聞使用的合理付費或分潤此一層次，另在涉及新聞流量和呈現的演算法方面，如有任何變更也必須事前通知相關新聞媒體。而且，就平台使用者的互動數據，未來對新聞來源機構更負有分享義務。這對長久以來，一直懸而未決的平台數據分享和演算法的適度揭露問題，可說是帶來一道解決曙光。

最後，深諳經濟治理和管制之道的澳洲，何以最後是由其競爭法機關出面，而不是讓產業部門或目的事業主管機關主責？因為按理，競爭法機關的角色主要在於「事後處分」，而非「事前管制」。攸關新聞議價這檔事，一般理解確實屬於後者。

答案在於打從一開始，谷歌和臉書就極力抗拒被歸類為新聞產業或特定事業，堅稱自己只是「平台」，一如優步（Uber）並不認為自己是交通事業。

澳洲此一經驗，另外也反映出一項道理，亦即當技術變遷快速，模糊了既有的產業版圖，往往讓新興議題形成「管制未知領域」（uncharted territory），此時該國的競爭法機關即可發揮補位功能。

澳洲此番成功達陣的原因很多，尤其是有媒體大亨魯柏・梅鐸（Rupert Murdoch）的積極遊說。一開始，外界迭有批評，認為此一新聞議價法案將獨厚大媒體集團，規模較小的新聞出版商難以參與協商。然而，此法過去實施一年多來屢有修正，也嘉惠了澳洲小型的傳統媒體。

面對數位經濟的風潮，國家原先的管制工具與規範架構是否仍然足夠？競爭法固然不是萬靈丹，但仍然好奇，面對科技巨擘，何以各國多由競爭法機關掛帥處理？

主要理由在於，無論數位平台衍生多少問題，市場力和競爭疑慮正是他們的「阿基里斯的後腳跟」，亦即真正的弱點所在。這和競爭法機關的特殊地位有關——掌管市場交易秩序的補漏角色、法定的獨立機關、合議制度，以及可對數位平台處以鉅額罰鍰等等，都能夠有效牽制科技巨擘。

而且，由於跨國數位平台的經營模式規管不易（尤其是臉書落地納管），必然形成諸多灰色地帶，這對已納管的一般企業來說，並不公平。加上面對不透明的演算法，如果繼續完全以商業秘密視之，不僅會增加這些科技巨擘的市場競爭優勢，更容易導致政府管制失靈，甚至管制真空。

不難理解，市場與政府管制雙重失靈，會讓科技巨擘在面對國內事業時，取得更為懸殊的議價能力。無論是在交易價格、契約條件或租稅負擔方面，都能夠輕鬆佔到便宜，鞏固既有優勢。

二〇二二年初，由於公平會對跨國數位平台展開產業調查，調查結果將會「作為是否立案的依據」，谷歌和臉書負責亞太區域的人馬，先後到公平會說明。毫無疑問，這些跨國企業的法遵意識都很強，並說出了耐人尋味的話：「會遵守各地法律規範」。換句話說，我們自己的規範體系是否完備，特別是各司其職的公部門能否主動出擊，才是關鍵。

數位平台擁有絕佳的媒介功能，傳統媒體則是不可或缺的內容提供者，於平台經濟生態系裡有其共生關係。如能予以適當管制，並合理分配剩餘，則各蒙其利，包括台灣社會在內。

無論是澳洲在二〇二一年二月通過「新聞媒體與數位平台強制議價法」、紐西蘭經驗，或如歐盟透過修正著作權法，擴大解釋「鄰接權」，用意無非是在增加傳統新聞媒體面對科技巨擘的談判能力，而且都是由競爭法機關主責並帶頭突破。

截至目前，兩種途徑都成效斐然。谷歌和臉書在澳洲已和在地媒體簽訂三十個以上的協議，在歐盟單單谷歌就已高達三百多個（所以目前台灣可說已被這些跨國科技巨擘實施差別待遇）。

至於成功的原因，除了各國意識到問題的嚴重性，所以擁有政治意志加持之外，相信和競爭法機關處理平台議題最有威力，也最順理成章有關。

反觀台灣的公平會在平台新聞付費問題上，卻躲得遠遠的，頂多只會覆誦：「媒體與平台議價可能涉及聯合行為，公平會將討論是否適用豁免」。

免立法的紐西蘭經驗

不禁教人想起一部綾瀨遙主演的日本武士電影《盲劍》。片中有位劍術了得的武士，村民們由於飽受惡漢欺壓，對他充滿期待。但這位劍豪武士有個麻煩，就是緊要關頭的時候，常常拔不出劍來。

如果公平會面對平台議題繼續閉目養神，那和武士臨陣無法拔劍就沒有兩樣。公平會其實另有救贖之道，答案就在先前提到的那句覆誦的話之中。這次我們要看的是澳洲的兄弟國家紐西蘭。

紐西蘭並未像澳洲一樣先立法，而是由他們的媒體協會在二〇二一年十二月，直接向其競爭法機關申請「聯合行為例外許可」，旨在跟谷歌和臉書就新聞內容連結付費一事集體議價。

紐西蘭的競爭法機關經過審查後在二〇二二年同意其申請。邏輯上，由於議價協商需要兩造才能為之，所以這個時候谷歌和臉書當然必須現身。換言之，台灣在完成立法之前，可考慮走公平法途徑，由媒體公會向公平會申請並獲得聯合行為豁免後，馬上就有名義讓媒體和數位平台針對新聞公平議價展開談判。

四、平台經濟學與數位治理處方

「我從此地起步，應走哪一條路？」人在林中的愛麗絲，問停歇在樹上的笑臉貓。
「主要看你要到哪裡去。」貓回答。
「我並不太在乎耶。」愛麗絲說。
「那麼走哪一條路也都無所謂。」貓咧嘴而笑。

——《愛麗絲夢遊仙境》路易斯・卡洛爾（Lewis Carroll, 1832-1898）

數位化、數位時代鋪天蓋地而來，連數位之愛（網路約會）這樣的說法都已出籠。再遲鈍的人恐怕都已感受到，這個世界真的不一樣了。

特別是網路平台興起後，對人們的生活方式影響最大。如今不僅在資訊（獲取新知）、商業、教育、娛樂，樣樣都少不了他們，更是晚近諸多創新服務的重要憑藉和來源。

事實上，平台經濟自古有之。中世紀的市集或園遊會（fair），可讓市民一次逛很多商品攤位，可算是平台經濟的原型。

又如後來的報紙、電視，連結了讀者（觀眾）和廣告商，信用卡連結了持卡消費者和商家，乃至婚友社之撮合曠男怨女或寂寞的人。這些扮演中介角色或具有連連看功能的地方，都可稱作平台（platform）。

數位平台則拜現代通訊科技發達之賜，得以克服地理距離和空間障礙，並提供優異的技術介面，以致能把平台特色發揮到淋漓盡致。

不難想像，這勢必帶來許多改變。推陳出新的商業模式也僅是其中一環。比如滿街跑的餐飲外送服務（例如 Foodpanda 或 Uber Eats）連結了餐廳與消費者；短租民宿網站（例如 Airbnb）連結了度假者和房源提供者；線上市集（例如 Amazon 及 eBay）則連結了買家和賣家。

二〇二〇年之後，由於新冠肺炎全球肆虐，再度添增遠距交流和交易需求，加快數位化的速度。而且，如果沒有這些科技平台適時提供服務，這場疫情對經濟社會的衝擊，應該只會更加嚴重。

現在幾乎人人都是網民，大家每天都在當「線民」——上線的人。以台灣為例，根據最新的統計資料顯示，我們平均上網時間（黏著度）之長，在全球排名第三，僅次於巴西和南韓。此外，台灣有兩千三百萬人口，LINE的用戶卻超過兩千一百萬人，涵蓋率和使用密度都極為驚人。據悉部分原因和我們的低電信資費有關，業者動輒推出吃到飽方案。

那麼平台經濟的商業模式到底有哪些特別之處？

平台經濟「以物易物」

首先是「以物易物」（barter economy）的經濟模式重現市場。即使平台經濟總是和演算法、大數據這些新潮概念掛在一起，但其運作法則卻帶有不少古老色彩。

比如說，當我們在使用谷歌和臉書的時候，並沒有付費，但會留下極具廣告價值的數位足跡。這些數位平台表面上提供免費服務，其實不然。所謂免費，尤指貨幣價格為零，但實際上消費者或使用者卻付出注意力、時間，特別是愈來愈具有經濟價值的個人資料或數據，作為代價。這不就是一種「物物交易」嗎？極端先進和古老原始這兩者之間，確實存在某種神秘的連結。

在貨幣出現之前的初民社會，以物易物雖然必須但不具效率。主要因為交換彼此各自擁有，而且剛好都互有需要的產品或勞務，經濟學上稱之為「雙重巧合」（double coincidence of wants）。相對於貨幣經濟，以物易物的交易機會小很多，同時也會對勞動分工構成限制。

有人說愛情也是以物易物的一種，隱含找到真愛並不是一件容易的事。

另外，雖說數位新經濟蓬勃發展，但老派、類比的知識和資產價值反而逆勢成長。例如黑膠唱片復興，以及需要面對面互動的桌遊等娛樂形式，近來普受歡迎。這些產品或活動大多強調懷舊體驗、認知能力和人際連結。

這種現象可從「匱乏心理學」找到根據。鎮日掛在網上，置身虛擬狀態久了，往往會產生對實體的渴望和感情投射。宛如某種失衡與再平衡的心理補償過程或某種鄉愁。如果說老派技能或類比知識，不致被人工智能等新興科技完全取代，根本原因或許在此。

最後一個則是工作和休閒逐漸「流動化」（fluid）。亦即工作和休閒的時間區分不明顯，而有別於工業革命之後，固定上下班的工廠模式。例如零工經濟（gig economy）或居家工作型態。這豈不和早期人類的採集、狩獵，甚至農業文明出現後的生產模式極為類似？再次證明先進和原始之間，存在某種相似性和對稱之美。

回到平台經濟模式的以物易物這個話題。

主要由於平台連結並撮合了不同的顧客族群（消費者、廣告主，或買賣供需雙方），平台經濟另有「雙邊市場」（two-sided market），甚至「多邊市場」（multi-sided market）之稱。這裡的雙邊或多邊，本質相同，所以毋須再做進一步區分。

就經濟學理而言，數位平台最大的特徵就是具有顯著的「網絡外部性」（network

externality），簡稱「網絡效應」。亦即隨著使用者或會員人數之增加，其效用和價值也會跟著水漲船高。這也隱含著，在數位時代談消費者利益，有其特殊意義。

因為平台會有兩端使用者或顧客，如果額外的效用和價值來自同一邊市場的規模或使用者人數，可稱之為「直接網絡效應」，來自另一邊市場則為「間接網絡效應」。

直接網絡效應可用社群媒體來說明。例如愈多人在臉書上活躍，臉書對你也就愈有價值，因為可以在那邊和朋友互動，或認識新臉友。其實，電話和貨幣也都有類似效果，愈多人在使用同一電信系統或相同貨幣，其價值愈高。

「間接網絡效應」可以電玩遊戲機或線上軟體為例。如果愈多玩家使用，則遊戲軟體開發商也就更願意投入此一產業。反之亦然。

簡單來講，網絡效應來自於需求面，或消費端。至於「規模經濟」（economies of scale）則源於供給面，或生產技術。這部分的分析邏輯則無異於鐵路、電力、自來水等公用事業。平台經濟同時具有網絡效應和規模經濟，只是網絡效應更突出。

規模經濟意味著平均成本將隨著產量增加而減少，主要源於固定成本很大，而且占成本結構中的比例甚高。通常也會伴隨極低或趨近於零的邊際成本，亦即再多生產一單位或額外多服務一位顧客，所增加的總成本微乎其微。

「價格不見了」源於不對稱定價

由於平台或雙邊市場有兩群顧客，究竟孰輕孰重？針對此一雞生蛋或蛋生雞的困境，平台通常會採取不對稱的訂價策略，先讓一邊的顧客達到一定規模，好讓生意做起來。針對有更多交易選擇機會的一方，通常價格會比較優惠，甚至免費。

不僅 Foodpanda 或 Uber Eats 等餐飲外送平台的商業經營策略，即使是大學時期的舞會，通常只針對男孩子收費，而女孩子則多半免費。其背後邏輯，大抵也是如此。

數位平台經營者通常會先以低價補貼，甚至免費來籠絡某一端的消費族群（先擁有更多的忠誠會員），然後憑藉大量的閱覽流量和個人資料，吸引另一端的交易對象（廣告商），並透過演算法自動媒合機制，精準投放廣告。

簡單來說，平台往往免費提供服務給終端使用者，同時向廣告端收費，這個變現（monetarization）的樞紐則是數據資料（data）。這豈不正是臉書（目前全球已有三十億的註冊臉友）的經營和獲利模式？可以說，具有產出、蒐集並運用大數據的能力，才是當代平台經濟的最大特色。

掌握大數據優勢，加上演算法不透明且難以規範等特性，在在使得平台得以享有既有的競爭優勢，並進一步構成市場進入障礙，使得潛在競爭者難以進入市場。其結果就是市場高度集中，更常常只剩下一家事業獨占市場的局面，而且市場競爭難以自我恢復。

有趣的是，以前辯證法常講「量變產生質變」，現在則因為大數據的巨量或海量特質，「量即是質」反而成為包括谷歌、臉書、亞馬遜在內等平台經濟的重要特色，並與傳統產業迥然不同。

早年有個玩笑說，重要的東西都來自管子，例如鋼筆，現在則來自平台。傳統的平台可以出產石油、天然氣，新時代的平台則藉由演算法蒐羅並產製大數據。

平台經濟下，數據已成為生產要素，而非只是資訊，甚至有「數據是二十一世紀的石油」之說。其實這話只講對一半，因為數據使用符合公共財「非敵對性」（non-rivalry）的特質，亦即額外多一個人使用，並不會減少原先使用者的滿足程度。

數據固然帶來不少商機，在治理方面卻相當棘手。除了資安、民主體制是否受到威脅等疑慮之外，個人隱私權顯然因為超級平台的出現，更容易受到侵犯。各國的競爭法機關更多半因為數據引發競爭難題而忙得不可開交。

面對數位經濟的風潮，國家原先的管制工具或競爭規範架構是否仍然足夠？事前特定管制或事後再由競爭法介入，孰優孰劣？以及如何結合競爭法和消費者保護來妥善處理大數據（資料）的各種糾葛，正嚴厲考驗著國家的治理能力。

全球各地都在積極研議如何接招，而且不僅止於立法。歐盟、日本、韓國等國先後都已成立「數據處理委員會」的專責或獨立機關來做因應。尤其是資料的流通使用和個人隱私保護之間的權衡，以及數據的所有權歸屬及其價格估算，更是重要關鍵。

看來誰能先解套，誰就會在未來國家發展上取得先機。

平台經濟的競爭難題

雖然平台經濟興起之後，競爭疑慮（限制競爭與不公平競爭）、消費者權益（自主選擇空間），以及隱私權保護（含數據使用權利）這三大議題之間的界線已逐漸模糊，但競爭仍是核心議題。

由於不少平台使用都是「免費」，「價格不見了」這件事，的確會為競爭法的執法帶來難題。

例如：市場界定標準必須改弦易轍。以往的市場界定，主要環繞在價格約束與替代，但「價格不見了」所衍生的技術難題，反而不難解決。可透過包括閱覽流量和訂閱人數等數量衡量方法，加以取代。

「價格不見了」最大的問題是帶來錯覺，以為消費者福利將不受影響，甚至毫無疑問必然增加。這方面應可加入行為經濟學的洞見，協助建立競爭傷害理論。

歐盟在二〇一八年第二次裁罰谷歌，指控其要求手機製造商必須預載套裝應用程式，濫用市場支配地位。裁決書中也提到「現狀偏誤」，指出因消費者行為具有黏著性，以致不容易轉換到其他替代性商品或服務。

多年前，我曾訂閱紐約時報線上版，對預設選項（自動續定）這件事，也有一些體會。由於後來沒時間仔細閱讀而想退訂，卻發現退訂手續並不太友善。除非下定決心，不然的話往往就是繼續訂閱。

更惡劣的模式則是先免費試閱，然後一樣在退訂手續中製造不便，藉此達到讓消費者打消退訂的目的。

這種藉由增加些許不便或交易成本（尤指額外花費的時間），就能大大影響消費者決定的現象，在數位時代可說屢見不鮮。晚近則有兩個新詞彙描述這種情況。

第一個是「汙泥戰術」（sludge）。意指藉由繁複煩人的文書作業，讓人們對原本想做的事情自動打退堂鼓。另一個則是「暗黑模式」（dark pattern）。尤指運用反覆干擾、隱藏選項、迷惑性表述等設計伎倆，引導使用者做出設計者想要的行為，甚至違反自身利益。之所以稱作暗黑，乃因為影響的方式往往是利用使用者的無意識或注意力不足，手段上已接近時下正流行的認知作戰。

尤其是過去二十年來，谷歌、臉書、蘋果、亞馬遜和微軟等科技巨擘興起，藉由掌握大數據等優勢，進而利用消費者的行為偏誤（操控其偏好）來牟利一事，各國政府莫不思考如何加以反制，以保護消費者權益。

重點在於要求科技巨擘，將特定的「預設選項」（option by default）替換成清楚且客觀的「選擇架構」（choice architecture），同時創造網路環境，好讓使用者可以選擇多宿或多棲（multi-homing）。這裡尤指可同時使用不同平台（相容性），而且在平台之間的轉換（switching）也很容易。

專欄五：預設選項妙用無窮

何以人們在做決定時，很多根本不應該列入考慮的因素，實際上卻會影響判斷和決定？塞勒把這些心理現象統稱為「理應不相干因素」（supposedly irrelevant factor, SIF）。

行為經濟學的研究旨趣，即在辨識各式各樣的「理應不相干因素」，然後加以命名並提供解釋。在我們的生活周遭，特別是在數位網路時代，最常見的「理應不相干因素」，應該就是「以哪一個選項作為預設值」。

看似尋常卻妙用無窮。其中要以如何提高退休金計畫參與率和器官捐贈等案例，最為人津津樂道，其實也是「推力」的應用。

例如，在申請表格上面，把「願意參與退休金計畫、捐贈器官」等政策目標列為預設選項。如果沒有參與意願，當然也可以選擇退出（option out），但必須另作表達，亦即多一道程序。

在智慧型手機裡面，打從一開始就已經預載或內建某些應用程式。雖然帶來許多便利，而使用者也可以選擇不要這些內容，但必須額外再費一番功夫來處理。

晚近隨著平台經濟興起，蘋果、谷歌、臉書等科技巨擘在數據使用權限、隱私權設定或商務策略方面，也都充分運用預設選項此一作法。所預設的選項自然是比較符合平台自身的商業利益，所以也逐漸引來各國競爭法與消費者權益保護機關的關切。

實證數據顯示，選項一旦被挑選為預設值，脫穎而出的機率就會遠遠高過其它選項。換言之，預設選項的確會影響人們的判斷和決定，而不只是在耍花招，一如主流經濟學的論斷。

乍看之下，預設選項只是一道再簡單不過的設計，背後卻有相當豐富的行為經濟和政策意涵。這裡對應的則是「現狀偏誤」，即悄悄地讓預設值成為現狀，有如製造幻覺。

除非現狀讓人不堪忍受，否則人們通常會為了避免不確定性或更壞的結果，傾向維持現狀，也就是不做積極決定。

這裡面的心理因素首推損失規避。人們傾向環繞在參考點附近做決定（即參考點依賴），相對於參考點的損失則會造成劇烈的心理痛苦。而現狀往往就是現成，而且最容易被人為操作的參考點。

維持現狀偏誤也和稟賦效應有關。稟賦效應隱含高估既有物件或狀態的價值，這往往就等同於高估改變的成本，同時低估改變的利益。

針對維持現狀此一現象，以往書裡的說法，不外乎慣性、惰性或路徑依賴使然，但來自行為經濟學的解釋總是別出心裁。無論是出於對現狀或稟賦的偏好（即情緒因素），顯然都不是傳統的經濟分析能夠妥善解釋。

科技巨擘與利益衝突

當代數位平台的角色類似「基礎建設」（infrastructure）或「準公用事業」，猶如當代的電信營運商或十九世紀美國的鐵路。相對而言，以公共利益之名，公權力的管制強度也應該更高。

「如果你從事基礎建設，就不該獲准和那些依賴你的基礎建設的企業競爭」。二〇一七年，年方二十八歲的麗娜汗（Lina Khan）在《耶魯法學期刊》（*Yale Law Journal*）發表了一篇讓她聲名大噪的論文——〈亞馬遜的反托拉斯弔詭〉（Amazon's Antitrust Paradox）。

平台之商業經營如要成功，首需獲得信任，否則資訊推薦和個資之連結使用等功效，就會大打折扣。信任則源於能力和無私。

然而，不少科技數位平台除了已是重要的行銷通路之外，本身也經營網路銷售或「應用程式開發」相關業務。例如亞馬遜即兼具平台與零售商兩種身份（近來另有 Apple Pay、Google Play 等案例）。如果轉換成競爭法的語言，科技平台最常見的反競爭行為應屬「自我偏袒」（self-preference）。

數位平台的結合管制議題也備受注目，例如：臉書併購 Instagram（二〇一二）、WhatsApp（二〇一四）。數位平台挾其豐沛的資金與大數據優勢，除了引發傳統產業的併購潮（整合）之外，更常透過「不給買就埋葬你」（buy or bury），甚至「買了之後埋葬你」（buy and bury）策略，併吞萌芽中的潛在競爭事業，不僅增加市場進入障礙，更可能扼殺創新。

二〇二一年，麗娜汗被拜登總統延攬，出任美國「聯邦交易委員會」（FTC）主席。針對麗娜汗此一任命，比較保守的傳統競爭法學者則諷刺說，好比工運人士占領公司董事會；「即將上演恐怖片」；不過只是競爭法領域的「民粹、文青」（populist）或「跟風潮人」（hipster）。麗娜汗和歐盟主掌競爭事務的執委韋斯塔格（Margrethe Vestager），被公認是全球科技巨擘最敬畏的兩號人物。

哥倫比亞大學法學院教授吳修銘（Tim Wu），著有《注意力商人》（*The Attention Merchants: The Epic Scramble to Get Inside Our Heads*）和《巨頭的詛咒》（*The Curse of Bigness:*

Antitrust in the New Gilded Age）等書，則是另一名主張對科技巨擘嚴加管制的要角。父親是台南人的他，曾任職白宮，襄贊美國總統拜登處理科技與競爭政策。

吳修銘頗擅長提出新觀念並鑄造新詞。例如二十一世紀初電信領域的「網路中立性」（net neutrality），以及晚近數位平台有如「注意力商人」（attention merchant），都出自他的手筆。

針對科技巨擘的治理難題，吳修銘極力主張「使用特定行業法規、制訂規範或其他監管方式，結合反托拉斯法以達成傳統競爭目標」。此一深具領航價值的「混搭策略」，已逐漸被包括歐盟在內各重要競爭法機關所採用。

新布蘭迪斯主義 vs. 芝加哥學派

麗娜汗和吳修銘都被歸類為「新布蘭迪斯主義」（Neo-Brandeisian）。此一門派認為，如果企業的規模和權力太大，不僅對消費者和勞工不利，政治力也將跟著擴張而且不易規範，甚至對民主體制造成重大威脅。尤其是在數位時代，競爭法之執法更應回歸早年反托拉斯法的立法初衷，嚴防科技巨擘的力量擴增和不當使用。

至於誰是布蘭迪斯（Louis Dembitz Brandeis, 1856-1941）？十九世紀中葉，後來出任美國聯邦最高法院法官的布蘭迪斯，生於肯德基州路易斯威爾鎮。這是一個文化多元、地方自治極為成功的中型城鎮。布蘭迪斯稱讚它「寧靜質樸」，而且有幸「遠離大的詛咒」（curse of bigness）。此一用語後經吳修銘出書捧紅（二〇一八），中文書名即為「巨頭的詛咒」，劍指數位科技巨擘，語帶雙關。

新布蘭迪斯主義者對市場競爭的看法和主張，和他們所批判的芝加哥學派差別甚大。美國博克（Robert Bork）法官在一九七八年出版《反托拉斯弔詭》（*The Antitrust Paradox*）一書，高揭「消費者福利」作為競爭法執法的最高準則。此書為芝加哥學派（這裡尤指競爭法脈絡下）最具代表性的著作。

眼尖的讀者可能會發現，前面提及讓麗娜汗一文成名的〈亞馬遜的反托拉斯弔詭〉，篇名顯然刻意和博克的書名互文、較勁。

一般而言，芝加哥學派相信市場的自我調節和調整功能，向來主張經濟效率至上。只要進入市場參與競爭的障礙不高，即使具有高市占率的企業，也就未必具有呼風喚雨的市場力或壟斷力，亦即所謂「可競爭性」（contestable）。當然，前提是企業從事競爭的行為不是出於「虛偽不實和欺詐」。

芝加哥學派非常重視個體經濟理論之運用。在史帝格勒（George Stigler）等經濟學者的帶領下，透過嚴謹的經濟推理，重新評估產業結構、廠商行為和績效之間的影響途徑和效果。

波斯納（R. Posner）法官更是兼具理論與實務的重要闡釋者和旗手。

包括掠奪性訂價（以超低價格排除競爭對手）或限制轉售價格（resale price maintenance, RPM）在內，不少過往被當成「當然違法原則」（per se illegal）的競爭行為，到了芝加哥學派的眼中，不是企業根本沒有誘因為之，就是做了也很少成功，所以不致產生實際影響。因此需要依個案來做評判，即採合理原則（rule of reason）。

消費者福利不只是單看價格

芝加哥學派最在意（甚至唯一在意）消費者利益（通常以消費者剩餘作為替代，而最直接且具體的衡量指標就是價格），是否因企業結合或聯合行為而受到減損，企業規模本身或經濟權力集中並非關切重點。

退一步言，如果規模擴大乃源自於經濟效率提升，同時也為消費者帶來更物美價廉的產品，如此何錯之有？「競爭法不應懲罰成功者」、「競爭法旨在保護競爭，而不在保護競爭者」。芝加哥學派關於競爭的格言，確實非常簡潔有力。

傳統經濟理論認為，事業的壟斷力或市場力愈大，通常會導致價格提高。但如前所述，雖然巨型平台的市場力極其明顯，卻往往伴隨著低價或「免費」使用。這就讓向來以狹義消費者福利（尤指價格）作為判斷「競爭傷害」是否存在的理論基礎幾乎失效，甚至因此忽略數位平台的可能傷害。

事實上，真正的消費者福利，除了價格和品質之外，也應包括自主選擇的可能性和選擇的多樣性。

芝加哥學派雖有其一貫的政治哲學和政策論述基礎，但在面對科技巨擘來勢洶洶的衝擊時，此一學派通常傾向採取「不作為」的佛系立場，顯然已經無法回應社會脈動和需求。此外，很難期待平台經濟透過競爭過程讓市場自我修復或調整，而消費者也會因為缺乏選擇機會或「轉台不易」而被套牢（lock-in）。因此科技巨擘多半具有「市場顛覆」（tipping of market）的本事——而非只追求市占率的傳統競爭型態，指的就是這種「贏家全拿」（winner takes all）的局面。再者，由於科技平台掌握大數據和高度不透明的演算法等優勢，交易過程中必然也會引發議價（談判）能力失衡和不公平競爭。

明白這樣的道理，即可理解何以近來不僅美國的競爭法思維正逐漸改變，世界各國更紛紛針對科技巨擘加強佈局，特別是透過產業管制（事先監管），結合競爭法（事後處分）的治理手段。

其中以歐盟所推出的「數位市場法」（Digital Markets Act, DMA）最典型。這部法律旨在削弱包括谷歌、臉書、蘋果、亞馬遜和微軟等科技巨擘的市場力，將從二〇二三年開始實施。數位市場必須「公平並具有可競爭性」，此一理念歐盟向來非常堅持。數位市場法直接定義何謂「守門人」（gatekeeper），並規範其特定行為，藉以避免競爭法冗長的調查程序耽誤處理時機。「守門人」居於關鍵中介地位，意指必須先通過他們方能進入數位世界。

另外，針對大型數位平台的管制，歐盟刻正研擬「數位服務法」（Digital Services Act, DSA），強化消費者的隱私保護並規範數據使用，尤其是數位廣告的對象和方式都將受到限制。透過這部法律，未來這些科技巨擘將對平台上的內容（宗教、性別歧視、不實新聞與假新聞、兒童權益等），以及線上安全使用，負起更大的責任。而向來諱莫如深的演算法，也必須有所揭露。

應高舉廣義的消費者權益

談了這麼多，那台灣應該如何看待科技巨擘的治理問題？我覺得法國經濟學家提洛爾的主張比較務實折衷。亦即可採取介於自由放任和所謂「民粹主義」（反菁英、反主流、反大企業）這兩種極端之間的立場。

最重要的是，數位政策應明白揭示或再確認，數位時代所欲捍衛的價值與目標究竟是什麼？

傳統競爭法旨在促進「有效競爭」，讓市場上能有「更大的產量」與「更低的價格」（品質維持情況下），並間接保障「消費者權益」。亦即競爭保護和消費者保護有其「對偶性」。然而，數位平台往往讓消費者免費或低價使用，這顯然已和傳統的「競爭」意涵大異其趣。此時，促進競爭即等於增加消費者福利的「對偶性」早已流失。

另就產業結構來看，截至目前台灣和科技巨擘處於直接競爭的事業非常有限。在這種情況下，只從傳統的產業競爭角度切入，「保護競爭等於保護消費者」的論述就會更加不足，甚至成為執法盲點。

總的來說，除了市場競爭秩序和經濟效率之外，更應高舉消費者權益，而且是廣義的消費者權益。亦即除了商品的價格和品質之外，尚包括選擇自由在內。有人稱之為「公民福祉」（welfare of citizen）。

有趣的是，台灣的公平會向來為了刻意和消保單位有所區隔，往往只提競爭保護或經濟效率，未能突顯消費者權益保護。這會導致執法方向趨向「自由放任」（laissez-faire），或誤判平台問題在台灣並不存在。

策略混搭：結合事前管制與事後處分

最後，針對平台議題，各國經驗顯示，現行或傳統競爭法的「事後」處分方式，已經有所不足，而紛紛立法、修法或制訂處理原則來加以因應，即所謂「事前」管制措施。主要原因如下：

一來，競爭案件多半會帶有繁複的市場界定和行政訴訟過程，所欲保護的權益或價值未必能夠及時確保。

二來，競爭法的規範目的主要仍落在矯正市場失靈，或者說，和經濟效率比較相關。相對而言，事前管制的目標可更多元，例如：公平議價、透明，以及其他「公共利益」考慮。

最後，事前管制對科技巨擘所施加的義務或罰責，具有規則清楚且易於遵循的好處。當然，實際規範強度可視自身的產業結構和商業文化而定。

對台灣的平台治理策略來說，日本所採取的低度執法，但充分與之周旋的折衷作法，頗值得參酌效法。

日本在二〇二一年實施「特定數位平台之透明性與公平性提升法」，課以科技平台一定強度的義務。亦即畫出行為紅線，特別是不得違反資訊揭露、不得濫用使用者數據等基本規範，否則即可能觸犯其競爭法。值此同時，日本透過綿密的產業調查，充分掌握平台的行為面資訊，必要時其公平會更可主動立案，甚至由這些科技平台提出改正和解方案，調整有爭議的作法。

對台灣的平台治理策略來說，日本所採取的低度執法，但充分與之周旋的折衷作法，足堪借鏡。如果嫌麻煩，台灣其實還可以有一個簡單可行的戰略目標，也就是仔細研究這些科技巨擘在主要國家，因為當地競爭法機關出手而做的讓步究竟為何，然後要求跟進，避免被差別待遇。

「戰術就是在有事情做的時候，知道該怎麼做；戰略就是在沒事情做的時候，知道該怎麼做」。波蘭西洋棋大師，薩維利・塔塔科維（S.G.Tartakower, 1887-1956）這個講法，值得我們深思。

延伸閱讀

《切莫為惡：科技巨頭如何背叛創建初衷和人民》，拉娜・福洛荷（Rana Foroohar），時報出版社，二〇二〇。
《注意力商人》，吳修銘（Tim Wu），天下雜誌，二〇一八。
《巨頭的詛咒》，吳修銘（Tim Wu），天下雜誌，二〇二〇。

IV 為共善而生

一、來自法蘭西的浪漫——皮凱提和他的「經濟民主化」邀請

二〇一四年底，我因為工作的關係（當時擔任在野黨總統候選人的政策幕僚），到中央研究院聽了一場皮凱提的演講，有幸親炙這位當時正在全球到處巡迴，被主流媒體封為「搖滾巨星級」經濟學者的風采。

印象中沒打領帶的他，服裝非常合身（後來知道他穿襯衫時第一、二個鈕釦習慣不扣），果然是一位神采奕奕、充滿自信的法國菁英。

也難怪，才四十歲出頭就已名滿天下。皮凱提當天演講的主題，正是他造成轟動的書——《二十一世紀資本論》（*Le Capital au XXIe siècle*）。

這是一本篇幅超過七百頁，名符其實的巨著。更神奇的是，討論財富集中與所得分配不均（inequality）如此嚴肅的議題，不僅成為久居排行榜上的暢銷書，全球一共賣出超過兩百萬冊，竟然還是當年度最受歡迎的聖誕禮物。

經濟學相關的書如果只是賣得好並不稀奇。對皮凱提這本書讚譽有加的克魯曼就曾說，皮凱提以一介布衣學者，竟有能耐改變舉世的「話語或論述」（discourse）焦點，促使大家重新且認真看待不平等這個根深蒂固的古老問題，確實是一項了不起的成就與貢獻。

不過，皮凱提的書讀來並不輕鬆。根據Kindle電子書閱讀的分析顯示，以具有代表性的讀者為例，《二十一世紀資本論》大概只被翻看到第二十六頁。但從這麼多人想要擁有它一事來看，背後顯然具有某種意義。還好另有福音，這本書在二〇二〇年被拍成紀錄片並已上映。

皮凱提在對的時間 問了對的問題

儘管對皮凱提的學理分析和政策主張各有看法，但一般都同意，皮凱提的成功絕非偶然。他一定是做對了什麼，至少是在對的時間，提問且處理了對的主題。

歷經一九八〇年代的經濟自由化（以英國首相柴契爾夫人和美國總統雷根為首）、金融創新與國際化，乃至一九九〇年代的全球化等浪潮，強調解除管制與經濟效率，反對國家對市場進行干預的「新自由主義」（neoliberalism），一直都穩居學界思潮主流，並被各國奉為政策指導方針。

這套經濟與政治哲學固然為全球帶來可觀的生產力提升和經濟成長，同時幫助世界各地不少落後地區的人民脫離貧窮，卻也導致不平等現象日益明顯。包括美歐等工業化國家在內，經濟、社會，乃至政治兩極化的諸多後遺症皆隨之而來。

二〇〇八年爆發全球金融危機，顯然是個轉捩點。雖因美國次級房貸（和房地產有關）而起，但各國普受波及，全球經濟更因此連年陷入低迷和衰退。伴隨著政府債務陡升，多數國家被迫採行財政緊縮（撙節）政策，削減福利支出，進一步加劇中下社會階層的困境。後來西方社會民粹主義興起，部分原因應和這場金融危機有關。

當新自由主義步下神壇

更重要的是，新自由主義所承諾的玫瑰花園，慢慢被發現似乎已經難以實現。特別是經濟繁榮、水漲船高之後，中下階層自然就會受益的所謂「涓滴經濟學」（trickle down economics），最先破功。就在這種氛圍之下，新自由主義開始步下神壇，而主流經濟學更是首當其衝，不少學說和主張也連帶受到質疑。

二〇一一年美國出現佔領華爾街運動（Occupy Wall Street），更是一個重要訊號，一方面透露出人們對公平意識的甦醒，另方面也展現出對既有國家建制（institution）的不滿。

示威群眾攜帶帳棚露宿華爾街這個全美與全球金融中心，喊出「百分之一的他們」（尤其是高薪董事、經理人等金融肥貓）剝削了「百分之九十九的我們」等著名口號，呼籲政府應該做點什麼，改變此一不對勁局面。

掌握社會絕大部分資源，隱身財富金字塔頂端的「百分之一問題」，從此成為談論分配議題時不可或缺的術語。後來到了皮凱提手裡，更將此一問題意識發揮到淋漓盡致。雖然《二十一世紀資本論》一書所傳達的訊息可說相當驚悚。

大意如下：縱觀人類社會兩百年的歷史數據，資本主義與不平等乃相伴而生，唯有二十世紀的兩次大戰才遏止此一趨勢，效應則延續到一九七九年。在那之後，財富日益集中和所得分配惡化的現象再度出現，截至目前甚至未見緩和。換言之，一九一四到一九七九年這段期間，不平等的降低只是統計上的極端值或例外！

以每個社會財富地位後百分之五十的人口為例，他們所擁有財產的整體占比，從一九八〇年代以來持續下降，目前只剩下不到百分之五。儘管已經相當微薄，這比例還在萎縮。「而且此一變化不僅在美國、德國和歐洲其他國家皆可看到，在印度、俄國和中國也不例外」，皮凱提在《社會主義快來吧》（*Vivement le Socialisme! Chroniques 2016-2021*）的序文中如此強調。

至於解決之道，皮凱提在《二十一世紀資本論》的階段，僅提到應課「全球資本稅」，此外並無太多著墨，但也已為後來的主張埋下伏筆。這些主張分別散見於《社會主義快來吧》的各篇文章裡，最後更透過他的另一本巨著：《資本與意識形態》來集大成。

話說回來，二〇一三年當《二十一世紀資本論》首先在法國出版時，並沒有引起太多注意，戲謔說法是這本書在法國的政經脈絡裡尚不夠左。但在隔年英文版一經問世之後，隨即在英美各地熱賣並引起巨大迴響。不管同不同意他的數據、論述和建議，大家都在討論皮凱提。

所以皮凱提的適時出現，或許剛好成為人們心理投射的目標，集體反映出對公平的渴望或對未來的不安。在這種危疑時代，特別需要聽到堅定的聲音和主張。

還記得就在金融危機之後，強調以人為本、重視參與過程和成果分享的「包容式成長」（inclusive growth）一詞，即開始大量出現在國內外各種學說文獻和政策報告裡。

這方面談得最好的學者，首推以研究全球化知名的羅德里克（Dani Rodrik），如就學說思潮的光譜，則常被冠以「鑲嵌式自由主義」（embedded liberalism）。另一名同樣具有強烈社會關懷的經濟學家史迪格里茲（Joseph Stiglitz），應該也同屬此一陣營。

然而，即使具有強烈的社會關懷，鑲嵌式自由主義仍是自由主義。亞當斯密所強調的勞動分工效率（市場是組織社會的有效方式），和洛克之尊重私有財產權（財產是自由的一種形式），仍是自由主義者的主要立論基調和界線。但對馬克斯主義者而言，這兩者正是產生階級與階級對立的根源。

「現代馬克斯」？「溫和馬克斯」？

高舉自由主義大旗的倫敦《經濟學人》雜誌，就稱呼皮凱提為「現代馬克斯」（modern Marx）或「溫和馬克斯」（soft Marx）。馬克斯是史上最偉大的資本主義思考者和批判者，認為資本主義的內在矛盾（尤其是資本必然集中之後的利潤率下降與需求不足等）將導致其覆亡，是人類歷史經由衝突、辯證，往社會主義邁進，並終結於共產主義之前的過渡階段。

以前在德國唸書時，有一回拿出馬克斯和恩格斯合寫的《共產主義宣言》來朗誦，真的是氣勢磅礡，頗受震撼。有人形容那文字有如「千軍萬馬，都是討債的聲音」，一種替被壓迫者討回公道的吶喊。所以當向來下筆犀利的《經濟學人》，特別點出封給皮凱提此一稱號絕對是恭維的時候，我毫不懷疑。

除了對他傑出的數據彙整能力與創意表達敬意之外，《經濟學人》也很仔細分析和認真看待他所提出的理論，雖然對他的結論和所開出的處方，期期以為不可。

批評和詰難當然有很多細節，也都相當精采，但關鍵無非只有一個：很多價值之間彼此競爭，並存在魚與熊掌不能得兼的抵換關係（trade-off）。平等固然重要，但並非社會的唯一甚至優先目標，尤其是不能因為一意追求平等而傷害自由。

如果放在比較屬於技術層次的角度來看，則是經濟效率和創新等目標也不能偏廢。更不能忽略全球化和技術變遷（如生產自動化和資通訊科技之大舉躍進）對不平等的負面影響。換言之，複雜的問題，不會只有簡單的答案，而徹底的改變始終是個幻覺。

不過，這種「仁智互見」或「馴化」後的傳統經濟學論調，顯然無法滿足皮凱提的胃口。經濟學，不應該只是讓舒服的人感到舒服的一門學問。

「這些人到底是有多害怕不平等？」

在檢視皮凱提的核心主張之前，先來聽聽看，皮凱提對自己如何形成問題意識的說法。

我對財富分配這個議題的興趣，始於一九八九年柏林圍牆倒塌前夕，然後逐漸清晰、具體。尤其是在一九九二年隨團參訪莫斯科，看到灰撲撲的街道上，幾乎每家商店都空蕩蕩，然後門口都大排長龍的景觀時，心理浮現一道疑問：這些人到底是有多害怕不平等和資本主義，不然怎會創造出如此一個怪物體制？

《金融時報》，二〇一五年

對皮凱提來說，「財富該如何分配比較好」此一倫理問題，從此盤據在他的心中。長期而言，甚至也會影響整體經濟效率。所以必須下定決心做點什麼，否則日益嚴峻的不平等問題，終將反噬整個社會。

從訪談中可以發現，至少當年的他仍宣稱，相信資本主義、私人財產權與市場。畢竟社會仍然需要眾多私營的小規模企業（相當於我們的中小企業），好創造出可觀的就業機會。而且看得出來，此君確實是個很有天分的學者。

另就不平等問題的根源和處方來說，皮凱提和馬克斯的看法也有很大的差別。馬克斯是個「經濟決定論者」，認為資本主義的生產型態及生產關係早已預示了社會階級兩極化。

皮凱提則指出，問題出在意識形態，尤其是「如何定義所有權和經濟指標」，以及「如何塑造認知或思維方式」，至關重大。

皮凱提常提到，財富累積或價值創造有其「社會過程」，需要公共基礎建設的支持、整體社會的勞動分工，以及經由一代又一代的知識累積而來。然而人們在成功之後，往往會高估自己的能力，同時低估手邊既有的豐厚資源（尤指繼承而來）和運氣成分的角色。

亦即把個人成就，純粹歸功於自身努力與天分的這種論述，乃是皮相之言，卻有助於菁英體制（meritocracy）的維繫，並合理化不公平現狀。

近來哈佛大學哲學教授桑德爾（Michael Sandel）的《成功的反思》（*The Tyranny of Merit: What's Become of the Common Good?*），以及數年前經濟學者法蘭克（Robert Frank）的《成功與

運氣：菁英體制的幸運與神話》（*Success and Luck: Good Fortune and the Myth of Meritocracy*）這兩本書，也都有類似觀點。

另外，針對如何解決不公平現象，皮凱提相信國家仍可扮演重要角色。這裡尤指政府干預與管制等公共政策，尚有很大的發揮空間。這和馬克斯主張唯有訴諸革命一途，才足以根本解決階級問題的強烈政治信念，迥然不同。

經濟民主化作為處方

問題是，什麼樣的經濟體系才足以降低不平等，卻又不會過度傷害其他價值？如何能有共同體意識和集體責任，同時保有個人發展的空間和機會？這顯然沒有標準答案。不過皮凱提倒是很勇敢地倡議「參與式社會主義」，目的即在於「讓權力和財富常態流動」，根本解決財富日益集中必然引發的後遺症，甚至災難。

皮凱提認為，即使是主要歐陸國家在戰後所高舉並實踐的「社會民主」理念，仍不足夠。社會民主的兩大支柱分別為教育平等與福利國家，雖然頗受世人稱道（政治光譜上中間偏左），但終究仍然無法阻止不平等的擴大（歐洲的不平等呈現方式另有就業／失業，以及公部門支出規模）。所以關鍵應在於「重新思考一切權力支配關係，才能達到真正的平等」。

例如：企業內部應有更好的權力分配和分享模式。這個方向一般稱之為「產業民主」，特指沒有股份的勞工代表，也得以享有企業經營的共同決定權。皮凱提的部分構想，在戰後的德國和瑞典其實已在實施。

皮凱提在本書中也特別提到，就德國的部分，上述改革得以發生的前提要件在於：「一九一九年與一九四九年頒布的憲法條文，即已將財產定義為一種社會關係」。再度印證他所強調的定義和論述之重要性。

附帶一提，對社會民主體制的誕生與實踐有興趣的讀者，千萬不能錯過賈德（Tony Judt）的《戰後歐洲六十年》（*Postwar: A History of Europe since 1945*）與《想想二十世紀》（*Thinking the Twentieth Century*）等書。

說皮凱提勇敢主要有三個理由。一個是皮凱提並不避諱使用社會主義此一字眼，毫無疑問，一定會先引來不少質疑，甚至驚嚇（作為政治體制的社會主義和作為社會理想的社會主義差別甚大）。再者，另有研究指出，其實不少人根本不喜歡過分單調的平等（和別人相比較），反而更關心如何降低經濟不安和不穩定（和過去相比較）。

最後，以降低不平等做為核心論述架構，並作為全方位的政策評價標準，就我所知應是首見。哪怕有爭議，但極具膽識、見地和前瞻性。涵蓋稅制、環境政策、兩性平權、國家體制、全球化發展，乃至國際關係，皮凱提單憑一己信念竟能架起如此恢弘鉅構，環顧當代的學術圈，特別是在早已不重規範性思考的經濟學界，確屬異數。

在「參與式社會主義」的整套計畫裡，除了人人都能取得各種基本財或服務（教育、醫療、退休金、住房、環境等）之外，另有一項建議教人印象深刻。即「不考慮出身背景，提供給每個人一筆最低遺產」，也就是「全民最低資本」。如能這樣做才比較算是接近立足點平等，並讓每個人擁有真正的公平發展機會。

不過，皮凱提特別強調，不要把「最低遺產或資本」、「最低收入」當作萬靈丹。重點不在於發配金錢，而在於「使人人都能參與社會與經濟生活」。

至於主要財源，無非是稅率高度累進的財產稅和遺產稅，最高甚至可達百分之九十。如果計畫擴大，則必須考慮加入一樣高度累進的所得稅（自由派經濟學者通常比較支持消費稅）和精心設計過的碳稅等稅收。

如此一來，那些「父酬者」們只因繼承鉅額遺產，即能代代享有相對優勢地位的不公平現象，就可以有效獲得緩解。財產權只是暫時性的，皮凱提如此認為或安慰。

要做好歐姆雷（Omelet），必須先打破一些雞蛋。相傳拿破崙曾經這樣說過。讀著讀著，彷彿也已感受到來自法蘭西的浪漫。

《社會主義快來吧》是皮凱提在法國《世界報》專欄文章的集結（二〇一六～二〇二〇）。以學理做基礎不在話下，幾乎每篇文章都有數據和圖表支持，相當容易閱讀。而且選題豐富多樣，行文則直截了當，並處處顯露機鋒。

對喜歡思考大議題的人來說，這本書的內容本身，其實已經夠精彩。對想繼續探索皮凱提思想脈絡的人而言，本書更宛如一場不容錯過的盛宴。

（本文為《社會主義快來吧！皮凱提的二十一世紀問答》一書導讀，二〇二一，衛城出版。）

延伸閱讀

《二十一世紀資本論》，托瑪．皮凱提（Thomas Piketty），衛城出版，二〇一四。

《社會主義快來吧！皮凱提的二十一世紀問答》，托瑪．皮凱提（Thomas Piketty），衛城出版，二〇二一。

《資本與意識形態》，托瑪．皮凱提（Thomas Piketty），衛城出版，二〇二二。

《戰後歐洲六十年》，東尼．賈德（Tony Judt），左岸文化，二〇一三。

《想想二十世紀》，東尼．賈德（Tony Judt）、提摩希．史奈德（Timothy Snyde），左岸文化，二〇一九。

《成功的反思》，邁可．桑德爾（Michael J. Sandel），先覺出版，二〇二一。

二、好的政策未必討好——經驗提洛爾的知識魅力

如果問我，最佩服當代哪一位經濟學家？我會毫不遲疑地回答：二〇一四年諾貝爾經濟學獎得主，法國經濟學家提洛爾（Jean Tirole）。

提洛爾不僅學問做得好，其中尤以在產業經濟學和國際金融等兩大領域最負盛名。既擅長架構簡單但深刻的學術論文，也能寫觀點清晰的報紙評論，更有一顆入世極深的公共心靈。

尤其佩服他主張，經濟學應多引入其它學門洞見（insight），才會更加豐富並有用處。近年來由於職場生涯的轉換，加上原本熟悉議題（國際經濟關係）的探索樂趣免不了面臨「邊際效用遞減」，書架上顯目位置所擺的財經專業書籍也跟著產生變化。談數位經濟、行為經濟學和競爭議題的書籍明顯居多。

其中最契合目前工作需要和心境的則是提洛爾的這本《共善經濟學》（*Economics for the*

Common Good）。

說來奇特，書中不少篇章，無論是老生常談或新穎議題，讀來總帶有那麼一點「原來如此」、「原來是你」的會心喜悅。

「經濟學家對他們所擅長的公共事務不能沒有立場，經濟學家和經濟學甚至都應該努力，讓這個世界成為更美好的地方」。

實證分析（事實關係）之外，提洛爾不忘提醒經濟學有其「規範性」角色，亦即敢於高舉特定標準。如此濃厚的入世情懷，或許也解釋了何以他的產業研究成果格外實用。

平台經濟學之父

提洛爾在學界的響亮名聲主要來自於他對「企業市場力和管制理論」（亦即如何妥善管制擁有市場力的企業）的細緻探討。

這裡尤指他重脈絡、細節和架構的研究手法和務實建議，早已成為各國政府擬定相關政策時的重要參考。他更因此獲頒二〇一四年諾貝爾經濟學獎。

除了電信、金融、製藥等傳統產業之外，提洛爾在平台經濟也著力甚深，更是「雙邊市場」（two-sided market）理論的先驅。

雙邊市場指的是不同種類的顧客因「平台」的存在而產生關連，例如：連結消費者和零售商的信用卡；連結電腦使用者和應用軟體開發商的作業系統。

雙邊市場或多邊市場概念之走紅，主要拜平台經濟興起之賜，例如臉書、谷歌及亞馬遜等。除了可增加人們對「網絡效果」的瞭解之外，也讓各國競爭法和產業管制機關更有能力和準備，去面對數位平台和大數據所衍生的各種挑戰。

此外，書中以中世紀萊茵河上中下游一共有六十四處收稅站的地理分佈為例（這些收稅站彼此既競爭又互補），說明當代藥品和資通訊產業所具有的多重專利特質與授權金爭議，甚至如何透過國際合作來妥善處理「標準必要專利」（standards-essential patent, SEP）問題，更是教人拍案叫絕。

對知識經濟或知識的價值有興趣，以及好奇法律和經濟分析如何完美整合的人，這一章節確實不容錯過。

討好的政策vs.好的政策

在提洛爾的俐落筆下，我們看到了正宗經濟分析的威力，但喜歡涉獵心理學、政治學和歷史的他，也不忘提醒傳統經濟學的限制所在。重要的是，如何引入其他學門的概念與元素，藉由跨科際整合來解決複雜的現實問題，包括從一九八〇年代以來逐漸興起的行為經濟學。

人們會對誘因有所反應，這是經濟學的基本假設。正宗傳統的經濟分析必然強調誘因機制：政策如要發揮作用，前提一定是透過提供正負誘因（賞罰）改變了成本效益結構。

然而，研究誘因設計的高手，提洛爾卻指出其限制。他仔細區分個人及內在誘因、群體（社會）及外在誘因之間的差距，包括是否出現排擠效應（crowding out）。

例如：提供捐血的人金錢報酬，反而可能對內在誘因造成傷害，以致降低人們自願捐血的意願。

甚至可據以解釋，一樣必須面對誘因（被選民青睞並連任）的政治人物，何以常在「好的政策」和「討好的政策」之間，做出令人失望的選擇。而唯有降低人民的經濟不安和挫感，好的政策才有比較大的出線機會。

《共善經濟學》一書中所觸及的議題頗為多元，從氣候變遷到稀有動物保護（如果查獲大批走私象牙，請問該銷毀或賣掉增加供給來降低其價格及後續走私誘因）、器官移植「市場」的道德界線，以及即使在法國也甚為敏感的勞動市場法規是否該「鬆綁」？低薪與（潛在）失業的人，何者最需要國家保護？

問題和答案都很有趣，但也見仁見智。一以貫之，作者想要傳達的訊息很簡單也很清楚，政策設計必須要有很好的經濟思維。尤其是必須小心那些滿懷善意的政策宣稱，其間接

（第二輪）或意圖之外的效果（unintended consequence），往往讓良法美意大打折扣，甚至產生致命的後遺症。

提洛爾的教科書和論文其實都不容易讀。難得的是，提洛爾竟然在他獲頒諾貝爾經濟學獎之後，寫出了這樣一本切合時代需求，而且是普及版的好書。

據說，凱因斯一生所期待於後世經濟學家的唯有「高超的專業能力與謙卑的態度」。依我之見，提洛爾顯然已經超越此一標準。

三、滿手思想火種的赫緒曼

一九一五年出生於德國柏林，二〇一二年在美國離世的赫緒曼（Albert Otto Hirschman），雖然取得的是經濟學博士學位，貢獻卻大大跨界。是個滿手思想火種的傳奇人物。

二〇二〇年初，我接受廣播節目「經典也青春」的邀請，希望跟年輕世代推薦些私房且歷久彌新的好書。我毫不猶豫地搬出赫緒曼和他的幾本代表著作，而且仔細一想，和他在知識上還頗有淵源。

在公平會服務，要不看到赫緒曼的名字也難。原因在於，公平會的主要任務即在於維持市場交易和競爭秩序，所以遇有「限制競爭」的結合、聯合行為等相關案件，首先要問的不外乎，這些廠商可有能力濫用其市場優勢地位？特別是指調整價格卻不怕流失顧客的能力，亦即所謂的市場力或壟斷力。

而如何衡量產業（供給面）的「市場集中度」，在初判過程中更屢屢扮演重要角色。方法之一是簡單加總前面幾家（四家最常用）的市占率，另外則是把各家市占率平方後，予以加總（平方是自乘，所以給予市占較高的廠商更大權數）。當然，前提是要能夠掌握這個產業中各家事業的詳細資料。

ＨＨＩ指數與不對稱依賴

後者因為富有經濟意義，所以更常使用，一般稱之為「赫芬道爾—赫緒曼指標」（Herfindahl-Hirschman Index, HHI），以表彰兩人先後提出此一概念的貢獻。

一般而言，產品或勞務的同質性愈高，則ＨＨＩ指數就更能精準代表市場力大小。其中，赫芬道爾（Orris Herfindahl, 1918-1972）是研究自然資源的美國經濟學者，他在一九五〇年的博士論文中，率先將此方法應用於鋼鐵產業的集中度測量。

既然ＨＨＩ的適用主場是在產業經濟，所以第一個Ｈ放的是赫芬道爾也很合理。雖然赫緒曼提出此一概念的時間要更早些，但其研究對象乃針對貿易集中度。

一九四五年赫緒曼出版他的第一本書《國力與外貿結構》（*National Power and the Structure of Foreign Trade*），研究二戰前夕的納粹德國，如何透過「經貿手段」將東南歐國家納入勢力範圍。

重點在於，國與國之間一旦在貿易結構上出現「不對稱互賴」（asymmetric dependence），對小國將非常不利，因為對其有政治企圖的大國，更有工具迫使小國屈服。

至於小國如何逃脫此一困境？赫緒曼建議可透過高度國際化（全球化此一概念遲至一九九〇年代才出現）來分散風險。我先前曾從事兩岸經貿研究，深受赫緒曼此一觀點啟發。

我和赫緒曼的另一線淵源則比較間接，主要是來自經濟學者羅德里克（Dani Rodrik）。羅德里克以研究全球化（及其限制）、國際經貿和經濟發展聞名，特別重視政策脈絡。

近來國際貨幣基金會（IMF）和世界銀行等重要國際經貿組織，針對開發中國家的援助和經濟合作，紛紛放棄早年一刀切或「零碼」（one size for all）的政策和互動方式，主要即採羅德里克的論述主張。

而羅德里克自己說過，赫緒曼正是他的英雄。

其一，如前所述，赫緒曼對經濟學過度簡化人類行為模式的假設，曾有「極簡主義」（parsimony）的批評，亦即認為傳統經濟學的理性選擇理論架構，有所不足。現實政策離不開社會脈絡，赫緒曼在這方面無疑是個先驅者。

其次，二戰之後，赫緒曼曾任拉丁美洲國家的經濟顧問多年，他的主張總能超越意識形態的束縛，而更貼近現實。

還記得當年在研讀開發中國家的經濟發展問題時，一定都會討論他的「不均衡發展策略」（一九五八）。亦即有些部門必須優先領航、序列式解決問題，而非全面且同時成長。換言之，左右兩派的計畫經濟和自由放任都不足取。

此外，工業化過程中選定產業以充分發揮「向前關聯、向後關聯、消費關聯」（linkage）效果，也是出自他的手筆，雖然這些詞彙和概念，大家早已耳熟能詳。

其三，羅德里克的研究旨趣，後來也包括「想法與利益」之辨，認為所謂利益其實並非固定或命定，往往受到想法（idea）的影響。這些想法本質上可作為一種知識，也可以進一步塑造偏好和信念。

以上這些想法都可以溯源到赫緒曼。除了赫緒曼的原典著作之外，建議可參閱他的《反動的修辭》（*The Rhetoric of Reaction: Perversity, Futility, Jeopardy*）一書。這本書中文版乃由國內知名學者吳介民力譯，吳乃德和廖美兩位教授的導讀更是精彩。

一生傳奇

赫緒曼在知識領域表現傑出，生平事蹟也不遑多讓。

他後來的發展境遇同二戰前夕很多德語區的猶太菁英一樣，為了避免納粹迫害而落腳美國。比較神奇的是，他先在法國加入地下組織，從事極其危險的救援活動，最後自己再逃離。

情節猶如小說電影，赫緒曼的勇氣和豪情可見一斑。

《叛離、抗議與忠誠》（*Exit, Voice and Loyalty: Responses to Decline in Firms, Organizations, and States*）更是赫緒曼諸多作品中，另一本引用率極高的名著。包括我的碩士論文《台灣勞工流動率之研究》，也曾加以引用。

其中的「叛離或抗議」更已成為名句，往往也會被當成標題使用。

面對衰退中的組織，無論是企業、國家、政黨，或任何團體組織，呼籲或抗議（voice）意味著仍有期待。通常也是下一步，疏離或脫離（exit）的前兆。雖然隱含著，有時逕自脫離對個人和團體都不利。

經濟學談論不少景氣循環（business cycle），研究繁榮和衰退的長短和週期。赫緒曼則提出另一種循環：個人利益和公共利益（理想、熱情與行動）之間的永恆拉鋸。

當投入與報酬不再相應，乃至個人成功之後的「乏味無聊」（boredom），個人利益動機隨之弱化；又當理想終至幻滅，追尋公共利益的熱情逐漸退卻。兩種利益相互交錯或彼此調劑，即構成赫緒曼此一「失望理論」（theory of disappointment），不停地往復循環。

赫緒曼是近代幾位讓我佩服到五體投地的大思想家之一，他當然也講價值。但對那些只講價值和意識形態的人，赫緒曼也不忘提出警告。懷有理想卻又不想只當憤青的人，很適合及早接觸他。

延伸閱讀

《叛離、抗議與忠誠》，阿爾伯特・赫緒曼（Albert. O. Hirschman），商周出版，二〇一八。

《反動的修辭》，阿爾伯特・赫緒曼（Albert. O. Hirschman），左岸文化，二〇一一。

四、行為經濟學的第一課：當史巴克遇到荷馬辛普森

街燈最大的用處是照路，不是讓人牢牢抱住（但醉漢會）。

——德國諺語

從二〇一八年起算，正式踏入行為經濟學這個領域已經數年。當初是看到有人在談「行為反托拉斯」（behavioral antitrust），以及如何在網路數位時代，利用行為經濟學的洞見來加強保護消費者權益等主題，頓感新鮮。這當然是跟我在公平交易委員會（公平會）此一競爭法機關任職有關。

好奇之餘開始追本溯源。陸續找到康納曼（Daniel Kahneman）、特維斯基（Amos Tversky, 1937-1996）、塞勒（Richard Thaler）和法蘭克（Robert Frank）等人的著作，同時留意相關介紹性書籍和報導。

一往而深，至今仍然覺得，這真是一門妙趣橫生的學問，看似無用卻常有大用。雖然早年也曾被譏為荒誕不經，或頂多只是一些「大眾心理學」（pop psychology）層次的普通常識，難登大雅之堂。

「今天好比是瘋子接管了精神病院」，二〇一五年塞勒出任「美國經濟學會」會長，在就職演說中曾如此自我解嘲。

坦白說，談腰果和紅酒這些雞毛蒜皮小事（尤指相較於通貨膨脹、失業、國際貿易等傳統議題），最後竟然能談到獲頒諾貝爾經濟學獎，要是在以前，應該也會令我難以置信。

腰果不只是腰果

儘管不可思議，塞勒在二〇一七年確實摘下了諾貝爾經濟學獎桂冠。而他在頒獎典禮當天的演講題目正是：「從腰果談到推力（Nudge）：行為經濟學的演變史」。

「選項太多未必是件好事」，塞勒以晚餐前放在客廳招待客人的腰果為例，發現大家在他拿走之後，不僅沒有面露不悅，反而紛紛稱讚主人的明智之舉。

這究竟是怎麼一回事？塞勒作為經濟學教授，心中充滿疑惑。因為客人的反應雖然有趣，卻有違傳統經濟學「選項或資訊愈多對消費者愈有利」的教誨。

尤其是在高度數位化的當代社會，資訊或選項超載（想想國內那些數目多到失去意義的有線電視頻道），乃至人際間過度頻繁的互動，有時候的確是個麻煩。

再看看智慧型手機螢幕上那些琳瑯滿目的軟體或應用程式，每天耗掉我們多少時間和注意力，排擠掉多少其它更有意義的活動即可明白，何以有些人已經因為數位成癮而需要啟動戒斷療程。

對尋找交易或貿易機會的人來說，以前的困擾是找不到交易對象，現在的問題則是如何辨識眾多交易對象的可靠程度。

另外，如果大家明明都知道正餐前吃太多零食並不適宜，何以意志力或自制力卻往往沒能發揮作用，拒絕擺在眼前的誘惑呢？顯然，意志力或自制力有限才是真實狀況。

塞勒之所以會拿腰果作為諾貝爾獎頒獎典禮上的開場白，其實另有更深的用意——人們在現實生活中的行為模式，往往和主流經濟學「高度簡化」的假設和預測大異其趣。

行為經濟學異軍突起

人的行為會受限於認知能力，並受到情緒、脈絡和社會因素的影響，說來一點都不稀奇。特別是來自心理學或社會學的研究和說法之多，可說俯拾即是。

但如果放在經濟學的架構下來談，認真追問這些因素如何改變人們的判斷和決定，甚至產生經濟效應，那完全就是另外一回事了。而且十之八九，傳統經濟學的信徒或學徒，恐怕都會立即收起笑容——您是認真的嗎？

傳統或主流經濟學認為，所有隨機發生或難以衡量、驗證的內容，原則上都是可以忽略的。至少不是經濟學擅長探究的主題。

這帖護身符，效力確實非常強大。

「經濟思想的進展是指對這個世界建構出更好的抽象比喻模型；鬆散的口語令人很難區分究竟是寓意深遠、抑或只是請裁講講（just talk）。」盧卡斯（Robert Lucas），一九九五年諾貝爾經濟學獎得主。

引自《總體經濟演義》，陳師孟（一九九〇）

傳統經濟學（仿自然科學，尤其是物理學）的理論體系向來以「嚴謹、優雅」著稱，武功高強的護法者比比皆是。挑戰者如果沒有相當本事，很容易就被打成異端瞎說，遑論另立門戶。

單單看到上面這段引文，大概也能感受幾分。

行為經濟學的出現，總算讓事情有了轉機。

以往，每當提到經濟學有哪些重要流派時，不外就是凱因斯學派和古典學派（含貨幣學派）這兩大陣營。要不然就是強調正統與否的主流學派或異端學說（奧地利學派、結構學派、馬克斯經濟學）等區分。

如今則以傳統經濟學（理性選擇）與行為學派的對壘最常見。一般認為前者在理論方面非常優越，後者則在實際決策和判斷時往往能夠派上用場。

以往，如果經濟運作發生問題，根據傳統經濟學的診斷，一定是先去察看市場哪裡失靈，然後開出處方。

比方說，是否存在市場壟斷、公共財、外部性或資訊不足（不對稱）等市場失靈，乃至制度失靈，而不會把焦點放在行為主體（消費者或廠商）的認知和判斷，是否也會失靈？或者說，容易受到環境和脈絡影響。

但隨著行為經濟學的發展，局面已經慢慢改觀。

如果想要改變別人的行為，提供誘因和資訊，透過改變成本效益結構，然後改變其「心意」（mind）這種方式比較直接，還是藉由改變「脈絡」（context），或迂迴、暗示等作法，來得比較有效，而且成本更低？

前者是傳統經濟學的政策思維和工具，後者則是行為經濟學獨樹一格的主張。

二〇〇八年，塞勒和桑思坦（Cass Sunstein）合著的《推力：改善有關健康、財富和幸福的決策》（*Nudge: Improving Decisions About Health, Wealth, and Happiness*）一書問世之後，不僅全球暢銷，更引起廣大迴響。二〇二一年，更推出《推力》最終版。

《推力》（*Nudge*）原書封面

《推力》頗能代表行為經濟學在政策領域的應用或妙用。推力（nudge）的原意是以手肘輕輕一推或助推。安排得宜的話，輕輕一推也可能產生重大改變。我覺得書的封面，大象用鼻子輕觸小象的畫面，頗得推力神髓。

推力其實就是一種說服，近來更已成為「胡蘿蔔（經濟誘因）與棍子（法令強制）」以外的第三種政策選項。

這對公共政策的討論和應用，可說帶來全新的視角和視野。

全球以「推力」為名的專門組織截至目前已超過四百個，遍布公部門、民間企業、

NGO和各重要國際組織。相關政策倡議，更有如雨後春筍，持續推出。

甚至，也有行為經濟學家成立顧問公司，為政府和民間企業把脈。其中以任教於瑞士蘇黎世大學的費爾（Ernst Fehr）教授最知名，近年來他更被評價為德語區（德國、奧地利與瑞士）最具影響力的經濟學者。

東西只要有趣早晚會有用，這句話我向來深信不疑。

如今，大到公共政策市場，例如要如何對付氣候變遷、加強防疫功效、法案之間如何套裝搭配才會更容易被接受；小至個人日常生活，包括財富管理、健康減重，乃至如何避免工作計畫一再拖延等惱人問題，行為經濟學都有話要說。而且，顯然已是一種獨特且不容忽視的聲音。

對我這個研習傳統經濟學多年，並從事公共政策的人來說，這可真是一件了不起的成就。不僅如此，行為經濟學從誕生（孕育於認知心理學）、發展，到成為一代顯學的故事本身，也都相當精彩和勵志。

挑戰「經濟人」假設

為什麼傳統或主流經濟學，不把焦點放在行為主體上面呢？這和高度簡化的「經濟人」

（homo economicus）假設有關。

如果看過電影《星際爭霸戰》系列，應該都會對戲中那位神色冷峻，彷彿一點也不會感情用事的大副史巴克（Spock）印象深刻。史巴克的理性來自父系的外星人瓦肯族（以極端信仰邏輯推理聞名），至於被他刻意壓抑的情感面，則源於地球人母親。

行為經濟學這群怪咖學者頗能鑄造新詞，更不乏生動活潑的比喻。在他們眼裡，史巴克正是經濟人的完美象徵。

經濟人不僅是傳統經濟學最重要的立論基礎，更是辨別是否屬於正宗經濟學的門派印信，並具有三大特徵。

首先是「完全理性」，也就是擁有充分認知外界資訊和理性判斷的能力；其次是「無限意志力」，具有高度自制力和執行力，不會拖延明知重要的事。

誇張一點地說，經濟人如同兼具了「愛因斯坦的認知與思考能力、IBM的電腦記憶容量和計算能力，以及甘地的意志力」。

最後，經濟人是個「完全自利」的人。行為動機只追求個人利益（self interest），尤其是物質利益。經濟人不會考慮他人的利益和看法，遑論心存社會或公平意識。

經濟人會在所得限制下（即預算限制），根據自己的偏好優先順序，選擇出效用（即主觀滿足水準）極大化的消費組合。如果是廠商或生產者，則會致力於求取利潤極大化。

此即經濟學上相當有名的「最適化」（optimization）或「理性選擇」（rational choice）。在經濟人架構下，只有所得和商品之間的相對價格，頂多加上過往的消費習慣，才是決定因素。

因為定義上行為主體的資訊充分，而且擁有完整的盤算能力，所以既無認知偏誤（cognitive bias）問題，內容的呈現方式（框架）或情緒反應等，也都完全沒有角色。

乍聽之下不甚合理。就算是主流經濟學的研究對象，不正是實際從事經濟行為的消費者或廠商嗎？怎能忽略這些現實生活中必然存在的人性？

關鍵在於主流經濟學認為，各種偏離經濟人或理性選擇預測的所謂「偏誤行為」，僅僅只是偶然或隨機發生，數目多了之後就會彼此抵銷。

行為經濟學則聲稱，人們不少行為存在「系統性」偏誤，亦即不僅會一再發生，而且還能夠事先加以預測。他們手中已經握有一大串偏誤清單，而且愈來愈長。例如「過度自信」、「確認偏誤」等等。

西蒙的「有限理性」

雖然行為經濟學強調「有限理性」（bounded rationality），而和主流經濟學的完全理性基調不同，但有限理性仍是理性的一環。行為經濟學主要乃在挑戰傳統經濟學的「經濟人理性假設」脫離現實，並非試圖證明人不理性。

率先提出有限理性概念的跨領域奇才西蒙（Herbert Simon, 1916-2001），在這方面的先驅角色，更是功不可沒。而且因緣際會，西蒙成了晚近行為經濟學和人工智慧的共同先祖。

有限理性尤指人的行為因受限於資訊、動機和認知能力，通常會優先採取「滿足方案」（satisfier），毋需達到「效用極大化」或「利潤極大化」的地步。其核心精神則在於：人是個可調適的系統（I am an adaptive system）。

以消費者為例，常因認知能力有限而做出未必符合效用極大化的決定，包括買了一些其實不太需要的商品。至於企業為了種種目的，目標把達到一定市場占有率放在利潤極大化之前，也極為常見。

至於我們一般人的行為模式比較像誰呢？根據行為經濟學者的描繪，我們有如著名的卡通人物，辛普森家庭的荷馬（Homer），都只是凡夫俗子、普通人。

荷馬會哭會笑，有情緒也會盤算，雖不時犯錯但也不乏自我反省的時刻，必要時也會把鄰居或同住社區等其他人的反應考慮進來。

無疑，荷馬是個遠比史巴克更貼近真實的人。

相對於經濟人，行為經濟學的普通人具有以下三大特徵：

一、認知能力有限（有限理性），以致行事常依賴經驗法則（捷思）、內容呈現方式（框架）和情緒因素的影響，並往往因此產生偏誤。

二、人們的自制力和執行力並不理想，常會為了眼前或短期利益而犧牲長期利益。面對即使明知重要的事情也常會拖延。

三、普通人的行為動機不完全只是自利，往往受到他人或社會規範的影響。簡單來說，金錢並不是一切。

行為經濟學宣稱，只從事「人們在真實生活中如何選擇」的描述與預測，亦即強調實證性（positive），而不做「應該如何」的規範性（normative）探索。

至於傳統經濟學則因為必須先建立公理假設，然後演繹推導，所以理論體系本身必然具有高度規範性。隱含這才是正確（這裡的用法不具道德意涵）的思維方式。一如前面提到的「經濟人假設」和「理性選擇」理論。

正因為行為經濟學的這套方法論相當謙卑、低調，反而成功地撼動主流經濟學的「經濟人」基本假設。

刺蝟與狐狸

針對傳統經濟學過度簡化人類的行為模式，歷代都不乏抱怨和批評者。有著經濟學背景的大思想家赫緒曼（Albert Hirschman, 1915-2012），即稱之為經濟學假設的「極簡主義」（parsimony）。

問題是不容易找到合理且可被普遍接受的替代做法。其中最困難的地方在於，如何加入更多的細節描述、更貼近現實狀況，卻又不會流於只是軼事趣談層次。

「假設簡化並不是事實，但可以幫助你瞭解事實」、「譬如有用的地圖，並不需要鉅細靡遺，甚至到比例尺一比一」。早年唸書的時候，常被如此教導。

甚至，加入過多的細節，如以卡爾．波普（Karl Popper, 1902-1994）的話來說，就很可能會無法予以否證（falsification），亦即永遠不會錯。而永遠不會錯的東西並非科學，有如數學上的恆等式或定義，只是一種套套邏輯（tautology）。對理論的進展來說，並沒有添增任何新資訊或貢獻。

行為經濟學者主要乃透過可重複執行和自我修正的實驗設計，得出具有說服力的優勢數據，並不要求結果百分之百純粹。近來更拜腦神經科學發達之賜，讓行為經濟學的許多重要觀察和臆測獲得印證機會。

美國經濟學相關教職的市場，對新進者畢業論文的要求，向來都是純理論取向，高度重視數理模型。但晚近則因為受到行為經濟學崛起及其方法論的影響，實證和實驗路線反而更受青睞。

可見行為經濟學的這套方法，在主流學術市場已經逐漸取得一席之地。無論如何，行為經濟學的崛起和發展，確實已讓日益僵化與枯燥的經濟學重獲生機。

大思想家以撒．柏林（Isaiah Berlin, 1909-1997）曾借用古希臘詩人，卡爾基羅庫斯（Archilochus）的詩句：「狐狸知道很多事情，但刺蝟只懂一件大事」，把古往今來的哲學家分成刺蝟與狐狸這兩大類。

刺蝟型哲學家有一個大的理念貫穿所有的思想（例如柏拉圖），狐狸型哲學家則強調不同經驗的重要性（例如亞里斯多德）。

經濟學者羅德里克（Dani Rodrik）則繼續發揮以撒．柏林此一著名比喻。強調假設極簡、理論優美的主流經濟學者有如刺蝟，而主張應該注入更多的資訊和細節、情況不同就應該適用不同理論的陣營，則比較像是狐狸。

主要寓意在於，爭執刺蝟和狐狸孰優孰劣可能徒勞無功，重點應擺在如何發揮各自優勢並彼此補充。

對我來說，行為經濟學至少有三大教人驚艷之處：把人性重新放回經濟學、翻轉看待世界的角度，以及充實公平意識的討論基礎。大致就按照這三大重點，我做了一張「一頁行為經濟學」架構圖，置於文末供參，應有助於一窺這個新興學門的堂奧。

專欄六：胡蘿蔔與棍子之外

行為經濟學者除了陸續獲頒諾貝爾經濟學獎之外（二〇〇二、二〇一七、二〇一九），包括英、美與歐盟各國在內，許多國家紛紛在公部門設置，運用行為經濟學來改善公共政策的品質與績效。

其中以英國的「行為洞察團隊」（Behavioral Insights Team）最知名。世界銀行和「經濟合作暨發展組織」（OECD）等重要國際機構，更已陸續規劃專案並發表成果報告，敦促各國政府善用行為經濟學。

為什麼行為經濟學對公共政策的影響力與日俱增？除了智識上的魅力之外，應該也和二〇〇八、二〇〇九年的那場全球金融危機有關。

當時由於各國政府的債務普遍攀升，撙節財政支出的保守經濟政策路線遂成為主流，以致「推力」這種不走傳統的成本效益分析、比較不強調誘因機制，尤其是不需要額外財政補助的非典型政策模式，頗受公部門歡迎。

另外，應用傳統經濟學的原理，透析日常生活中隱含的經濟邏輯和秩序，其實早有先例。十多年前曾經蔚為風潮的《橘子蘋果經濟學》（*Freakonomics:A Rogue Economist Explores the Hidden Side of Everything*），以及更早的《經濟自然學：為什麼經濟學可以解釋幾乎所有的事物》（*The Economic Naturalist: In Search of Explanations for Everyday Enigmas*）等書，大概都屬於這一類。而且三句就不離市場機制、經濟誘因和成本效益等經濟思維和分析工具。

傳統經濟學非常推崇個體自由，消費者一旦做出選擇即展現出他（她）的偏好（即顯現性偏好理論），亦即高度尊重消費者評斷的結果，甚至有「消費者主權／權力」（consumer sovereignty）之說。

只要透過更豐富的資訊提供和嚴謹的學理剖析，相信必定能夠改變人的行為。傳統經濟學的世界是個理性充滿的世界，對人們的判斷和決策能力極其樂觀。

然而，如果問題是出在各種類型的認知偏誤或自制力不足，那麼強化「誘因機制」或提供「更多選擇、更正確的資訊」等傳統方法就未必管用。

行為經濟學認為，清楚簡單的選項呈現或選擇架構可能更為重要。比如說，不要一次提供太多訊息，因為單純的訊息最有效。

透過暗示或促發（priming）、訊息表達方式、事先承諾機制、訴諸損失規避，甚至社會影響力等推力，有時候反而更能夠奏效。社會影響力尤指透過同儕壓力，或「讓人意識到自己是少數」的方法來達成。

傳統的政策處方主要包括「胡蘿蔔與棍子」這兩種思維，包括提供補貼等經濟誘因，以及藉由法規命令強制要求。

推力則指透過改變內容的呈現方式或「選擇架構」（choice architecture），來改善行為主體的判斷和公共政策績效。推力其實也是一種說服，近來更已成為「胡蘿蔔與棍子」以外的第三種政策選項。

但也有人批評，過度強調推力措施，可能會迴避掉真正嚴肅的政策討論。例如，最有效的節能措施仍是提高能源價格，進行需求面管理，雖然這在政治上比較不受歡迎。

延伸閱讀

《如何活用行為經濟學》，大竹文雄，經濟新潮社，二〇二二。

《推力：改善有關健康、財富和幸福的決策》，理查·塞勒（Richard H. Thaler）、凱斯·桑思坦（Cass R. Sunstein），時報出版，二〇一四。

《蘋果橘子經濟學》，李維特（Steven D. Levitt）、杜伯納（Stephen J. Dubner），大塊

文化，二〇一〇。
《經濟自然學：為什麼經濟學可以解釋幾乎所有的事物》，羅伯．法蘭克（Robert H. Frank），大塊文化，二〇〇八。
《帶來幸福的行為經濟學》，柊りおん，台灣角川，二〇一八。
《經濟學好厲害：如果沒有誤用的話》，丹尼．羅德里克（Dani Rodrik），衛城出版，二〇一八。

- 代表性捷思（事例之輪廓外觀和刻板印象的相似度）
- 可傳性捷思（教人印象深刻的事例、強調記憶）
- 錨定與調整（環繞在參考點附近做決策）
- 確認偏誤（confirmation bias）→過度樂觀

其他例如：情感捷思，亦即情緒作為一種捷思（代表性、可得性）

- 稟賦效應（擴及無風險下決策）
  - 現狀偏誤 ⟶ 預設選項（options by default）
  - 公平判斷標準
- 心理帳戶（縮小決策範圍）
  - 解釋「沉沒成本」迷思、股權溢酬之謎
  - 心理主動歸類選項（bracketing）：紐約計程車司機案例
  - 違反傳統經濟學貨幣具有替代性（fungibility）之假設

- 現時偏誤：短期內比較沒愛心（短期的較高）、難以堅持初衷
- 行為發展經濟學（2019 Nobel Prize）

- 社會情緒：不平等厭惡（最後通牒賽局）
- 社會參考點：同儕壓力（如果別人也這樣做……）
- 更多的公平意識、更高的合作意願，而有別於主流經濟學的預測

*稟賦效應與心理帳戶主要來自R.Thaler的貢獻

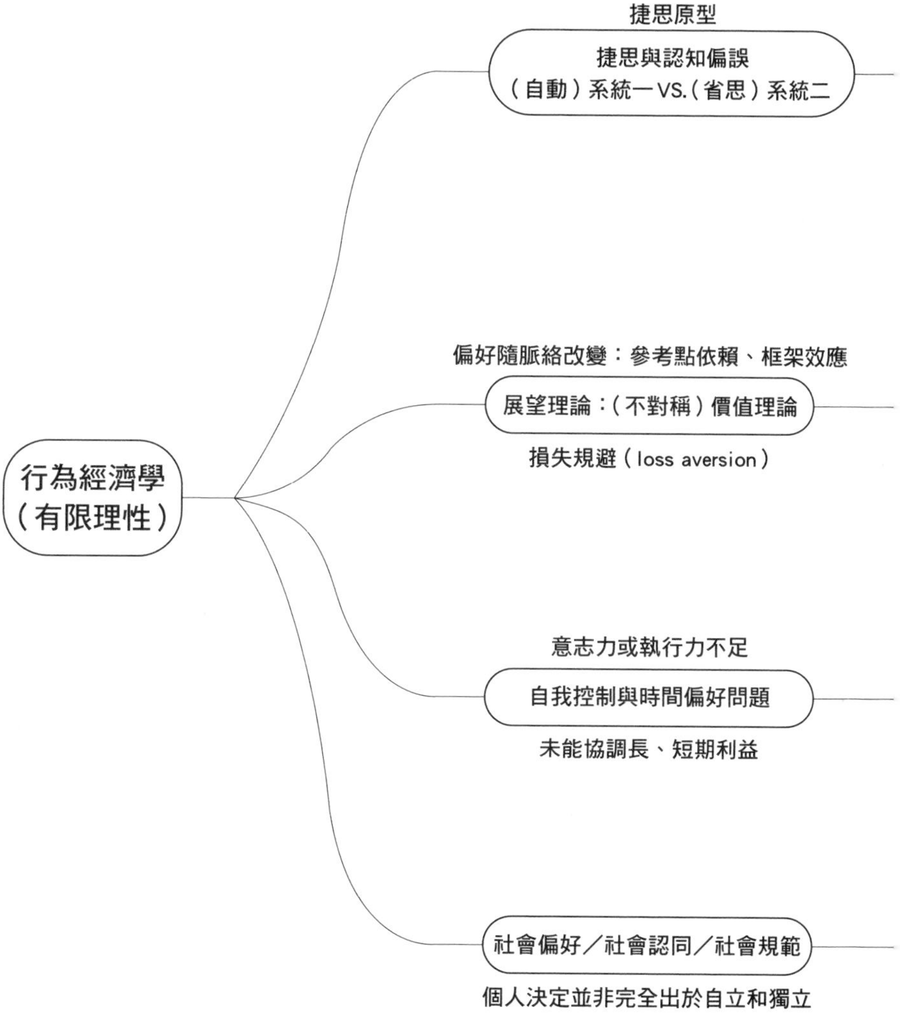
行為經濟學
（有限理性）
捷思原型
捷思與認知偏誤
（自動）系統一 VS.（省思）系統二
偏好隨脈絡改變：參考點依賴、框架效應
展望理論：（不對稱）價值理論
損失規避（loss aversion）
意志力或執行力不足
自我控制與時間偏好問題
未能協調長、短期利益
社會偏好／社會認同／社會規範
個人決定並非完全出於自立和獨立

圖：一頁行為經濟學

五、行為經濟學的第二課：認知、情緒與脈絡如何影響決定？

讓做出決定的人相信，這些決定都是出於自己的自由意志。

——約瑟夫・戈培爾（Joseph Goebbels, 1897-1945）

據說猶太人最大的特色就是永遠不會停止發問，特別是那些隱而未顯的幽微事物。康納曼、特維斯基和塞勒等多位行為經濟學的要角，恰巧都是猶太人。

康納曼和特維斯基原先都任教於希伯來大學心理系，視覺心理學和注意力是他們最早的研究領域。關心「大腦如何創造意義？為什麼一個人對於眼前所見或認知，會因為所處環境不同而改變？」常說：「從黑暗中出現的第一道光特別明亮。」──認知尤指人在接收、處理和回應外界訊息（刺激）的過程或能力。

兩人後來的研究主軸，會從視覺感官之如何受到環境脈絡扭曲，轉而探索人們的心智敏銳程度，特別是認知偏誤或錯覺對決策的影響，也就有跡可尋。

康納曼畢生沒正式修過任何一堂經濟學，卻在二〇〇二年獲頒諾貝爾經濟學獎。主要獲獎原因即在於他對人類各種思維或認知偏誤的傑出研究，有助於瞭解經濟行為和決策背後的心理狀態。要不是特維斯基在一九九六年因病過世，一般相信他應該會和康納曼同享諾貝爾獎殊榮。

一般人在做判斷和決定的時候，往往依賴經驗法則、直覺，甚至情緒。成本效益分析（cost-benefit analysis, CBA）所代表的經濟理性，有時候反而會退位，並非主角。有根據地猜測就叫做經驗法則。因為很多事情的處理，並不需要都從零開始或從頭來過一遍；直覺則是一種快速判斷的能力。

此外，內容的呈現方式（即框架），常會觸發不同的情緒並改變偏好。例如對失去的痛苦比獲得的快樂要來得敏感（損失規避），即把恐懼和後悔等情緒引進經濟學。

行為經濟學，主要就是在談「認知能力有限和情緒反應」如何影響判斷和選擇。一般而言，心理學的研究旨趣乃偏向內心世界之探索，如今竟也能進入經濟學的分析架構，甚至帶有經濟效應，實在教人驚訝。

成功結合心理學元素

有人說，心理學猶如一場熱鬧的晚宴。席間客人頻頻改變話題，而且爭執不休。亦即心理學幾乎不存在一套大家都認同，甚至可以彼此說服的共通規則和學說。

這與當代經濟學發展風格大不相同。當代經濟學由嚴謹的定理和假設出發，強調共同評價標準（例如經濟效率）。經濟學界甚至嘲諷心理學是吾人「多病的手足」（sickly sibling）。憐或貶其不夠精確，優越感溢於言表。

然而，十年河東、十年河西。傳統經濟學終因過度強調數理模型（美和純粹）而日漸貧乏，如今反而必須藉助心理學元素來恢復生機。

有趣的是，原本在經濟學處於隱性地位的情緒，隨著行為經濟學的出現，最近又重新活躍了起來。

經濟學之中早有情緒相關論述。例如凱因斯所說的「動物本能」（animal spirit），即在歌頌企業家勇於從事實質投資的樂觀本能（相對於投機客之專攻股市）。沒有此一本能將無法克服面對未來的不確定和恐懼。相傳動物本能原是用以描述古羅馬時期「神鬼戰士」（gladiator）的無畏勇氣。

然而，在傳統經濟學的架構下，情緒因素總是被忽略或隱藏。後來之所以不談，主要有兩種說法。

一來，情緒是心理感受，這和主流經濟學唯有物質利益才能帶來效用的主張並不相容。對經濟人而言，如同大副史巴克，情緒和直覺等情感面因素不致影響判斷和決策。

再者，主流經濟學講的偏好或喜好，大致也可以涵蓋情緒。最後，通常會假設偏好是相當穩定的，當然也就沒有所謂的情緒（起伏）問題。

近年來則有阿克洛夫（George Akerlof）和席勒（Robert Shiller）這兩位諾貝爾經濟學獎得主，被歸類為「行為總體經濟學」或「行為金融」學者。

席勒的《故事經濟學》（*Narrative Economics: How Stories Go Viral and Drive Major Economic Events*），以及阿克洛夫和席勒合著的《動物本能》（*Animal Spirits: How Human Psychology Drives the Economy, and Why it Matters for Global Capitalism*）等書強調，基本面或客觀事實固然重要，但相關認知、看法和公平感受，往往也會影響經濟活動。

捷思：不完美但有用的經驗法則

康納曼和特維斯基原先的研究旨趣並不在於和經濟學界對話。然而，他們所認定的各種認知偏誤，如果放在經濟學的架構下，剛好可視為「偏離」主流經濟學完美假設和預測的佐證。康納曼在他的《快思慢想》（*Thinking, Fast and Slow*）這本巨著裡，對這些原創想法的來龍去脈，講述得非常清楚。

既然人的精力和注意力有限，所以依經驗法則、直覺，乃至情緒反應，減少從事認知活動的因應方式，才會比較輕鬆或「節能」。所以，有時候罵人慵懶或不喜歡動腦筋，可能責難太過、要求太多。

康納曼和特維斯基針對此一現象，給了一個相當詩意的名稱：捷思（heuristics）。也有人翻譯成快思，例如康納曼的名著《快思慢想》。

捷思的原意是啟發和部分觀點。此從 Heuristics 和 Eureka 有著相同的希臘文字根，即可看出端倪。

傳說古希臘數學家阿基米德接受國王的委託，要計算一頂王冠中所用黃金的純度，因為國王懷疑工匠偷工減料。靈感在阿基米德踏進澡堂浴盆的那一刻降臨，他瞬間頓悟：溢出來的水，應該正好等於他身體的體積或重量。

據說阿基米德興奮地跳出浴盆，一路裸奔回家，大聲歡呼：「Eureka! Eureka!」（我發現了！我發現了！）後世因此有 Eureka moment 之說，用來描述恍然大悟的時刻。

針對捷思的用法，康納曼他們則更強調大腦運作時的捷徑思考（short-cut）或替代思考（substitution）。

人們普遍存在迴避嚴肅思考，而想回答輕鬆問題的心理傾向。避重就輕總是比較愜意舒服些。就心理防衛機制而言，「逃避並不可恥」，而是一種本能，例如合理化（責怪別人），乃至移情和投射等較為複雜的心理機制。

世上絕大部分的事物都具有不確定性，而人們在事先評估發生機率這件事情上，有其困難。此時，不完美但有用的捷思法，就非常重要了。

認知偏誤和推理過程中可能出現的邏輯誤謬（logical fallacy）並不相同。有人把行為經濟學稱為人性端經濟學，但與其說是人性，倒不如說是天性更為貼切。

無論是被法蘭克（R. Frank）講成「天然蠢」（natural stupidity），或特維斯基所描述「此類偏誤乃與生俱來」（innate bias），捷思剛好和時下正夯的人工智慧、大數據，乃至演算法（algorithm）之強調全知觀點，形成極為有趣的對照。

兩種極端之間常具有某種相似性或共通性。我相信行為經濟學和人工智能這兩種知識體系之間，也存在某種神秘的連結。據了解，愈來愈多的企業和政策部門，已經開始希望員工或研究人員，能夠同時兼具這兩種專業。

事實上，行為經濟（科學）結合人工智慧、大數據等數位科技，以期更精準地找到「目標對象」（target）並充分發揮推力效果，已成了晚近最夯的研究課題。

兩種心智模式

康納曼更進一步把人類這種比較屬於直覺、無意識且不費力回應方式，稱作系統一（自動系統）。

另有系統二（省思系統），則比較偏向有意識，而且仔細盤算過的理性思考。系統一有如一部機器，而且它最喜歡的運動就是直接「跳」到結論。康納曼曾如此比喻。

系統一可以自動幫你過濾情況並先行反應，然後再透過系統二做比較細緻的思考。系統一可簡化任務，並降低思索的時間和成本（然後我們才有時間從事更多有趣的活動），所以往往無法完全精確。

不難想像，當生手遇到陌生、複雜的決策環境，而且必須及時回應的壓力下，系統二很容易被系統一「綁架」，並產生捷思偏誤。想想生活中那些厚厚的產品或服務說明書。

系統一和系統二只是個隱喻，彷彿腦中住著兩個爭執不休的小皮偶。雖然只是個隱喻，但頗符合晚近腦神經科學更加發達之後，對人類大腦運作的觀察。現在我們知道，大腦中的「邊緣系統」，包括杏仁核和海馬迴掌管情緒，「大腦皮質區」則負責理性思考和決策。

當前科技圈紅人馬斯克，二〇二一年底曾在推特上推文：「五十個常見的心理學認知偏誤」，並說「應該從小就要教」。雖然維基百科上的捷思偏誤類型，近來更已超過一百五十個，但重要的偏誤原型其實並不多。

例如最為人知的「代表性捷思」、「可得性捷思」，以及「錨定與調整捷思」。前兩項捷思出自康納曼和特維斯基的共同想法，第三項捷思則由康納曼獨自發展。

這三種捷思乍看之下似乎沒什麼特別，更已經逐漸內化而成為當代知識的一部分，甚至是普遍的常識。包括「參考點」在內等想法更是影響深遠，甚至孕育了「展望理論」。

拉法葉百貨公司裡的「參考點」

就在新冠肺炎疫情爆發前的二〇一八和二〇一九年，我幾度代表公平會到總部位於巴黎的「經濟合作暨發展組織」（ＯＥＣＤ）參加競爭法會議。

公餘時間我到城裡四處逛逛，體會一下海明威口中「可移動的盛宴」是如何的華麗多姿，包括暱稱「老佛爺」的高檔百貨公司拉法葉。

除了洋溢著濃濃的消費幸福感之外，這家名店最教人印象深刻的是，櫥窗裡擺置了許多天價精品。男用皮夾、女用皮包都有，而且定睛一看，標價動輒上百萬新台幣。

也許不用這麼大驚小怪，畢竟買得起的有錢人不在少數，何況來自全球各地的貴客到巴黎敗金，更是傳說中的時尚。

重點不在於東西本身的消費價值，價格本身有時候也會帶來滿足或效用，穿之、戴之、攜之，可藉以彰顯地位或炫耀財富。針對奢侈品現象，無論是經濟學或社會學早已有豐富的研究和解釋。

例如：經濟學觀察到奢侈品的價格愈貴、需求卻愈高的反常現象，和一般正常的財貨不一樣，所以特別稱之為「韋伯倫效應」（Veblen effect）。

然而我好奇的其實是逛百貨公司的人。對他們來說，這些櫥窗裡的東西明明高不可攀，可是為什麼還要放在極其顯目的地方？後來接觸到行為經濟學之後，總算找到了些線索。

超貴的東西擺在那裡，期待於你的並不是真的去買單，而是透過暗示來讓你覺得，店裡的其他商品都已經不再那麼昂貴了，下手時就比較不會猶豫不決，甚至可稍稍減少罪惡感。

確切地說，拉法葉百貨公司櫥窗裡的那些天價精品，說穿了就是行為經濟學講的「參考點」或「參照點」（reference point），足以影響人們的決定和消費行為。

神奇的是，僅僅只是加進了參考點這麼一「點」之後，人們觀看事情的角度和心理感受，往往就會變得很不一樣。而且，通常只需再加些其他元素，就可以拿來討論許多大家熟悉的問題或議題。在我看來，這正是行為經濟學最有趣的地方。

除了上述拉法葉百貨公司的例子之外，日常生活中只要稍加留意，其實都不難發現參考點的應用蹤跡。

神奇的第三選項

「原本只有A套餐，後來引進價格貴上許多的B套餐，結果發現A套餐的銷路反而大幅增加」，在內湖科學園區經營精緻餐館的朋友，以及從事客製化紀念商品服務的大學學弟，都曾跟我印證類似的行銷策略確實奏效。

這其實是個簡化版的「誘餌效用」，乍看之下沒什麼特別。但如果稍加擴充，卻可以做很多發揮，例如增加第三種選項。

以下這個「兩難決定與誘餌效應」（decoy effect）案例，取材自羅伯．法蘭克的《個體經濟學與行為》（*Microeconomics and Behaviors*）這本教科書。至於最初原型和理論探索，則見於特維斯基等人的精彩論文——《脈絡下的選擇：兩難決定和極端規避》（*Choice in Context: Tradeoff Contrast and Extremeness Aversion*）。

如果你是在外地唸書的大學生要租房子，首要考慮的前兩大因素，不外乎租屋地點與學校的距離，以及房租高低。其中A套房距離學校較近但房租較貴，B套房雖然距離學校比較遠，但也比較便宜（見圖一）。通常人生會遇到很多類似的兩難抉擇。

這個例子說明了當我們在面對選項時，往往無法清楚地分辨出偏好或喜好順序，所以很多時候會陷入選擇困難。此時賣家可抓住人們會傾向找個參考依據（參考點）的心理，主動

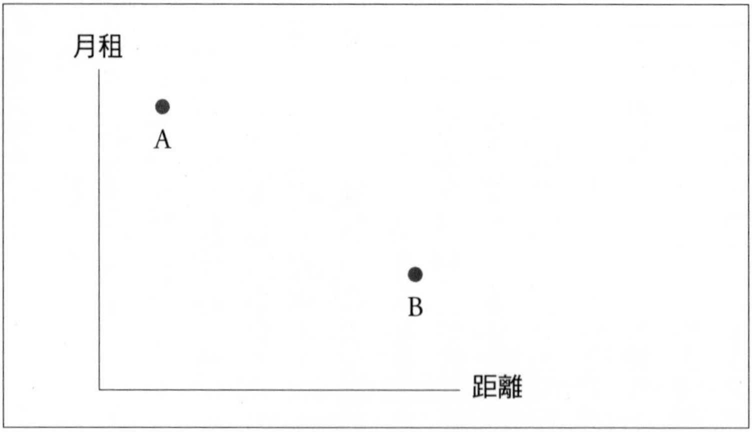

圖一：A 套房與 B 套房各有優缺點

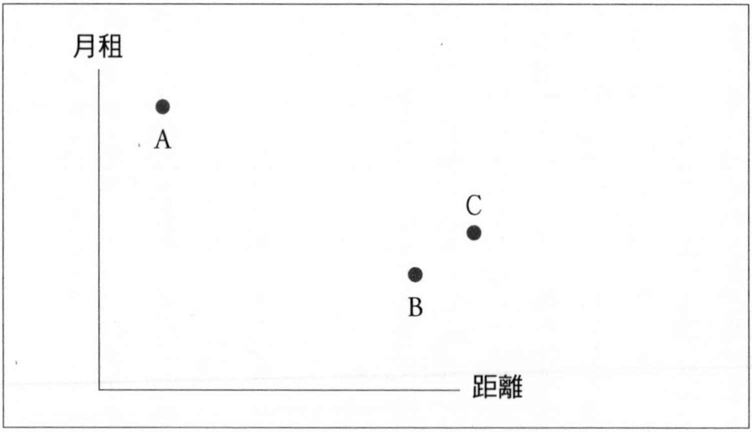

圖二：C 套房的條件皆不如 B 套房但會增加 B 套房優勢

提供參考點或「誘餌」選項，左右消費決定。

例如：如果這個時候額外提供一個比起B套房，地點更遠、租金更貴的C套房，結果會是如何？（見圖二）

仔細一想，這根本是虛晃一招。因為C選項的條件明顯都不如B選項，所以按理C選項應該是個無效選項，而且也無助於解決A和B這兩個選項之間，難分勝負的問題。

然而，很多的實驗結果卻顯示，一旦加入C選項，B獲選的機率因此增加，大概從原本的百分之五十上升到百分之七十。這到底是怎麼回事？

有趣的地方在於心理作用。

就A這個選項來說，依然無法確定是否優於B或C選項。但就B選項而言，至少優於C選項，並在心理上出現一種「非對稱優勢」（asymmetric dominance）。此時，B的地位由於C的出現而上升，反觀A不僅沒因此得到好處，甚至還可能減損吸引力。

事實上，只要面臨兩種產品或服務各有強項時，就很容易出現這種操作空間。

光環效應無所不在

重新整理一下問題：產品A品質較佳（距離學校較近），產品B以價格取勝（房租較為便宜）。兩種產品的品質和價格因各有優勢，以致難以取捨時，藉由引進價格與品質都不如B的第三種產品C（次級品）作為誘餌，往往就能讓消費者選擇B而放棄A。

一如圖二所示，由於較遜的C咖之出現，並環繞在B周圍，讓B在附近區域具有局部優勢（空間視覺上也是如此，彷彿帶有光環或月暈）。如果這個局部優勢外溢、渲染，最後導致全面優勢，可稱之為「光環效應」（halo effect）。

光環效應最早是由美國心理學家，桑戴克（Edward Lee Thorndike, 1874-1949）在一九二〇年代提出，意指以偏概全，透過部分特徵來總體評價他人。例如：當有一個人、專家或品牌在特定領域表現優異，大家往往就會推定他們在其他領域也一定很厲害。但因為其間沒有因果關係，所以絕大部分都會教人失望。

另有月暈效應之說，道理相同。當月光透過高空中的卷層薄雲折射，會在月亮旁邊形成光圈，形成月暈。這種自然現象在颱風前夕最常見。

此外，避免極端選項的心理，也會影響決定。

如果消費者面對不熟悉（例如陌生的酒館裡很多種類的酒）或複雜的商品時（例如行動電話合約），由於一時之間難以確定其品質或評估價值與效益的成本太大，他們通常會拿價格作為品質的替代指標。

由於價格和品質會被視為同一回事，此時就無法繼續採用次級品當誘餌。不過倒是可以利用價格來創造誘餌，亦即「避免極端」的行銷策略。

華山文創園區有家小酒館，在酒品促銷期間特價優惠兩種白酒，大致結果則如括弧所示：

1. 法國地區餐酒：一百五十元／杯（多數顧客選擇）
2. 義大利灰皮諾：兩百五十元／杯

由於此時酒館只有兩種酒可供選擇，亦即任何選擇都是極端，不是價格最高，就是價格最低，人們的消費心理就無從拿任何一個來當作決策的參考點。

經由實證發現，多數情況下人們會點比較便宜的酒，即法國地區餐酒。

酒館老闆另在附近巷子開了一家分店，經營風格略有差異，但同步進行特定品牌的酒促。分店的酒單稍有不同，除了本店的兩種白酒之外，另外也特價第三支酒：

1. 法國地區餐酒：一百五十元／杯
2. 義大利灰皮諾：兩百五十元／杯（多數顧客選擇）
3. 紐西蘭白蘇維儂：三百五十元／杯

有趣的是，在出現最貴的紐西蘭白蘇維儂之後，反而保送了原本只有兩種酒時，比較貴且不受青睞的義大利灰皮諾。很清楚，由於顧客通常會選擇不貴、不便宜的酒來喝，價格最高的紐西蘭白蘇維儂此時扮演了「神秘的第三種選項」。

一般而言，如果有三種選項，避免極端選項（extremes aversion）的心理，常會讓中間選項脫穎而出。在其他條件都一樣的情況下，人們普遍喜歡折衷、妥協和平衡，因為這樣會讓人覺得比較不容易犯錯。

「不喜歡挑選極端選項」的這種現象，有時也被稱為「金髮女孩效應」（goldilocks effect）。

典故則出自《金髮女孩與三隻熊》（*Goldilocks And The Three Bears*）童話故事，英國詩人塞黎（Robert Southey, 1774-1843）原著。敘述一名叫葛蒂洛（Goldilocks）的金髮女孩，在闖進熊熊的家之後，看到桌上有三碗粥，她太燙的不吃、太涼的不吃，只挑不燙也不涼的粥吃。後來她更大搖大擺地睡在熊熊的床上，而且太硬的不睡、太軟的不睡、只挑不軟不硬的床來睡。

偏好隨脈絡改變

這兩個例子看似簡單，卻寓意甚深。

先說表層意義。消費者在做決策時，產品的內在價值固然重要，但很多時候也會依靠某種比較直接、顯目的線索來判斷。如從企業端來看，除了產品本身的條件之外，相較於其他產品的特色或市場定位，也相當重要。

不妨稍加留意，當行政部門、國會或政黨在推出法案時，往往也會運用類似策略。特別是在選項「從兩個增為三個」之後，有些選項的特色會被突顯，有些則會受到貶損，其間所觸發的心理變化，確實奧妙。

誘餌案例另有其深層意義。除了受限於認知能力之外，消費者的偏好和選擇會受到脈絡影響（context-dependent preference）。這種「去脈絡化」顯然直接挑戰了傳統經濟學的基石，亦即經濟人的偏好穩定之假設。

經濟學原本有兩個著名的黑盒子，向來都是存而不論。所謂黑盒子就是通常會被視為是一種「給定的條件」，暫無需要加以細究或分析的地方。一個是廠商內部的運作方式和安排。另一個則涉及消費者的偏好順序是否穩定、一致，乃至如何形成等問題。

廠商的部分已被大名鼎鼎的寇斯（Ronald Coase, 1910-2013）率先攻破。攻堅利器則是大家現在都已經耳熟能詳的「交易成本」（transaction cost）。至於消費者偏好是否穩定的黑盒子，則一直等到行為經濟學出現之後，才慢慢露出曙光。

傳統經濟學認為，偏好已透過選擇來呈現。一方面，這意味著消費者一旦做出選擇，即可從中看出其偏好，甚至代表滿足程度（效用）。此即所謂「顯現性偏好理論」（revealed preference）。簡單來說，理性的消費者已用荷包投票，決定出他們想要的生產和消費內容。另一方面，這也隱含如果沒有正當理由（例如市場失靈）就干預消費者的選擇，免不了會造成經濟效率的損失。

康納曼曾說，他們做了很多實驗，佐證了脈絡（尤指框架效應）的確會對人的行為造成影響，原先設定的對話對象是心理學家，沒想到反而在經濟學界引起廣大迴響。

前面提及，傳統經濟學的經濟人因具有完全理性，不僅偏好清楚明確，而且資訊掌握充分，更具有完整的計算與評估能力。

以消費偏好或相關消費決定為例，根本就不會受到「不相關細節」或「選項呈現方式」干擾，包括參考點或誘餌選項在內。

脈絡的論述尚可擴展至空間脈絡、時間（歷史）脈絡，乃至社會脈絡。無論是商業策略上的應用、特定政策目標的促進，乃至國家大政的論述、建構或操縱，行為經濟學可發揮的空間，應該會愈來愈大。

專欄七：普丁與「過度樂觀」偏誤

無論是「代表性捷思」、「可得性捷思」或「錨定與調整捷思」，一旦造成思考偏誤，都可能導致「確定偏誤」（confirmation bias）——判斷資訊時，我們往往會注意到那些和既有信念較為一致的事證。

確定偏誤則是形成「過度樂觀」（over-optimism）或「過度自信」（over-confidence）的重要原因。過度樂觀會低估負面結果的機率或其效應的幅度，同時高估發生正面結果的機率。例如嚴重低估生病或意外的發生機率。

康納曼曾說，在所有的認知偏誤類型裡，就屬過度樂觀最危險。當時百思不得其解，但近來俄國總統普丁的行為總算教我豁然開朗。

二〇二二年二月二十四日普丁揮軍入侵烏克蘭，俄國原以為四十八小時即可拿下首都基輔並迫其投降。但事與願違，俄軍不僅蒙受巨大損失，重要的軍事目標也都未能如期達成。甚至出現許多後勤支援不到位的情況。原因顯然即出在過度樂觀。

據說在古希臘時代，有個窮兵黷武、連年征戰的國王。一回，出兵鄰國之前，請祭司卜卦，求得一道神諭：這場戰爭之後必然會有個國家滅亡……。

1.代表性捷思（representative heuristic）

人們會以所討論的事物，是否「代表」某一種刻板印象作為推論基礎。比如說，我們常常會認為NBA的球星，多數來自黑人或貧民窟的小孩。其實不然。原因主要出在籃球運動需要更優越的身高和團隊精神。一般而言，出身中產階級的小孩，通常會由於營養較好、性格較穩定，比較容易具備這兩種條件。

2.可得性捷思法（availability heuristic）

此一捷思類型主要和記憶有關。尤其是鮮明的形象和曾讓人情緒起伏的事例，最能喚醒記憶。我們常講「記憶猶新」。對愈是容易想起來的事情，不管是因為新近才發生或常被提起，我們往往會高估其發生機率。

例如：如果最近剛發生飛安意外事故，大家會更害怕搭飛機。雖然平均來說，搭乘一般交通工具發生意外事故的機率或風險更高。

可得性捷思也可以拿來解釋習慣並不容易改變這件事。因為已經習慣了的行為和資訊，最容易被再度記取。故事或具有亮點的事物（salience），比較容易被看到，也因此較具影響力。現在不少推力政策，也應用此一概念。

3.錨定與調整捷思法（anchoring and adjustment heuristic）

什麼樣性質的資訊容易成為判斷時的「參考點」（reference point）或「錨」（anchor）？有如小船掛上大船，即使有所偏離並經調整，也是跟著航行，不致離開太遠。

答案是比較熟悉或已有的資訊（概念上和可得性偏誤有些重疊），但未必真正相關。

特別是在狀況不明或不確定時，首先獲悉的片段資訊，或率先喊出的數字，往往會成為主要判斷依據。例如檢察官的具體求刑為何，會影響法官的裁判結果。所以說，起始資訊具有錨定效應（anchoring effect）。

另外，現狀往往是現成的參考點或錨。而且，透過說故事（story-telling），也可以創設出新的參考點，因為故事遠比數字更具感染力。

延伸閱讀

《橡皮擦計畫：兩位天才心理學家，一段改變世界的情誼》，麥克・路易士（Michael Lewis），早安財經，二〇一八。

《故事經濟學》，羅伯・席勒（Robert J. Shiller），天下雜誌，二〇二〇。

《動物本能：重振全球榮景的經濟新思維》，喬治・艾克羅夫（George A. Akerlof）、麥克・路易士（Michael Lewis），天下文化，二〇一〇。
《快思慢想》，丹尼爾・康納曼（Daniel Kahneman），天下文化，二〇一八。
《大腦革命的十二步》，鄭在勝，八旗文化，二〇二〇。

六、行為經濟學的第三課：損失規避、馬基維利與脫歐之戰

比起得到愉悅，我們更努力於避免痛苦。

——佛洛依德（Sigmund Freud, 1856-1939）

張愛玲有一名句：「我不怕孤獨，我怕別離。」頗能點出行為經濟學別出心裁之處。即人們主要從變化中覺察生活，所以對變化的感受，遠比處於某種狀態更敏感。但如果只是這樣，恐怕還成就不了一門學問。康納曼和特維斯基進一步指出，人們對這些變化的感受與情緒反應，存在很多不對稱。

第一項不對稱是，同樣是變化，在獲得（gain）與損失（loss）等量的情況下，我們對損失的感覺遠比獲得更強烈。

弄丟一萬元的痛苦或不安，應該是遠比得到一萬元的快樂，還要教人印象深刻吧。此即

損失規避（loss aversion）現象。

而實驗確實也已證明，人們對損失的排斥或恐懼強度，大致是獲得快樂的二到二點五倍。容有個別差異，而且愈是重要的事，其倍數愈高。

康納曼和特維斯基原先的表達如下：「losses loom larger than gains」（損失日益顯得大過獲得），頗具詩意。

根據康納曼和特維斯基的講法，如果物種一味追求快樂，同時對痛苦無感，那麼應該很難在演化的戰場上倖存下來。換句話說，對痛苦有更高的敏感度，有利於人類生存。

第二項不對稱的地方在於，同樣是變化，人們對小數目的變化比較敏感。

此一觀察大致不脫人類的感官經驗。想想周遭的聲音、光線和溫度變化，推到極致的話，從無到有的那一剎那，總是讓人最有感。例如當我們把音響的聲量從五十分貝增加到一百分貝，我們並不會感覺到聲量增加兩倍。

我們對疫情變化的感受不也正是如此？同樣是增加確診案例，從零到十應該是比從一百增為一百一十教人印象深刻吧。

此即著名的最小「可覺差」或「恰辨差」（just-noticeable difference）原理，又稱韋伯—費希納定律（Weber-Fechner law）。指人類對於感官刺激所能察覺的最小改變值（門檻），與原本的數值高低或刺激強度成正比。

此外，人們通常不會為了兩組音響（音響時價大概一萬元左右）差價六十塊錢而影響決定，倒是很可能因為衛生紙（每包大概兩百元）漲了六十塊大驚失色。而這也是二〇一八年三月，台灣發生「衛生紙之亂」的心理因素。

有此一說，當我們的遠祖在野外打獵時，尾隨身後的老虎，從一隻變成兩隻這件事，應該會比前面狂奔的麋鹿，究竟是不是剛好一百隻，來得更加重要。

展望理論石破天驚

主要就以前面這幾項不對稱為基礎，康納曼和特維斯基共同提出「展望理論」（prospect theory）。如果說，行為經濟學後來得以和主流經濟學分庭抗禮，此一理論絕對是關鍵。

塞勒在他的《不當行為》（*Misbehaving: The Making of Behavioral Economics*）一書中即提到，當年他正在為可能拿不到學校續聘發愁的時候，有一天在圖書館看到「價值函數」那張著名的S形反曲圖時，整個腦袋天旋地轉，久久不能自已。他多年來所蒐集的一系列經濟行為偏誤和市場異例，終於找到理論支撐。

展望理論確實非常精妙。在閱讀了無數回之後，我自己的體會是，不外乎是在講三件事：絕對／相對；個別（部分）／整體；以及客觀機率／主觀機率。

如果轉換成經濟學的語言，則大致如下。

首先，價值（即經濟學上的效用）具有「參考點依賴」（over reference point）傾向。價值的感受和財富的變化比較有關，而不是財富水準或絕對值。這裡的變化，尤指相對於參考點，變化多少與如何變化（增加或減少；獲得或損失）。

既然「損失規避」確實存在，亦即人們對損失比獲得更有感覺，此時參考點的移動（例如在其左邊即成為損失、右邊則為獲得）就會左右價值的感受與衡量。因此，價值具有參考點依賴。

不難發現，其間有「框架效應」在起作用。不同的呈現方式會帶出不同的價值（效用）。根據康納曼和特維斯基的講法，損失規避現象，以及參考點的設定和移動方向，即成為價值的兩大來源。

精彩的部分在於，參考點並不必然是一個固定數字，也可以是一種期待或心理狀態。最常見的則是以現狀（status quo）作為參考點。

至於參考點從何而來，或究竟如何形成的呢？答案就非常耐人尋味。

參考點可能源於歷史機遇、偶然決定，更可能是來自人為的設定，亦即可透過表述、論述或建構來加以影響，甚至操縱。

總之，傳統經濟學所倚賴的「預期效用理論」（expected utility theory），看重的是總財富水準值，主張效用乃取決於財富水準（如圖一）。但這並沒有抓住上述人們實際面對風險情境下的行為特色。

至於展望理論則一舉將之翻轉為變化，亦即強調獲得和損失（如圖二）。也可以將展望理論視為對不同選項的價值，加以評價的一套方法。

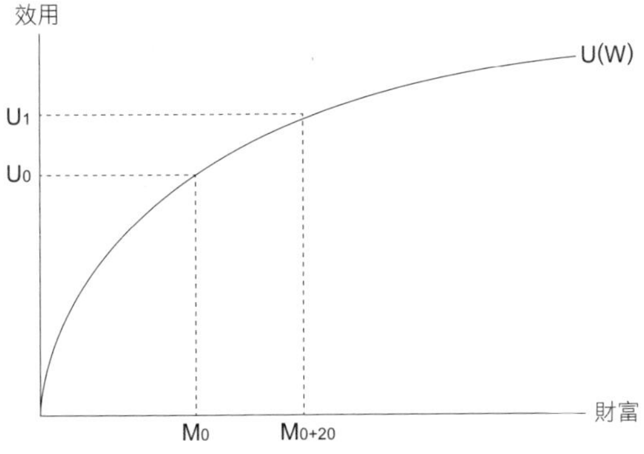

圖一：財富效用模型

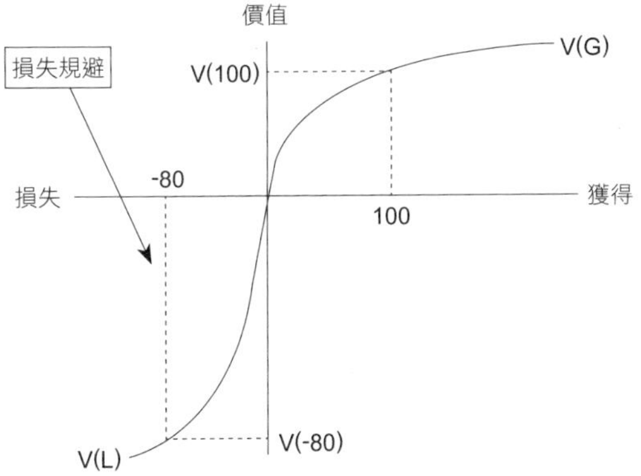

圖二：展望理論（價值函數）

其次是對「獲得與損失」的風險態度不同。

前面提到的「韋伯－費希納定律」，人們的任何感覺或敏感度都會遞減，對損失的痛苦也不例外。

根據「預期效用理論」的說法，預期效用取決於財富水準。如果你對財富的增加愈來愈不在乎（邊際效用遞減），按理來說應該對財富的減少愈來愈在乎。

然而並沒有！絕大多數人仍對「第一把」財富的損失比較在意，所以願意賭下「第二把」、甚至「第三把」同額或更多的錢，試圖挽回一開始的損失。

換句話說，人們在面對損失時，呈現「風險追求」（risk seeking）的態度。

然而，人們在面對獲得時，卻仍然傾向「風險規避」（risk averse）。這意味著，在面對損失或獲得時，人們對風險的態度並不對稱。這是個驚人發現！

換個角度來看，損失會降低效用或滿足水準，即使微幅損失也會使得主觀感受的價值大幅縮水。人們為了避免損失的痛苦，屢屢願意承受更大的風險，包括可能因此失去部分所得也在所不惜。

總之，人們通常願意冒更大的風險去規避損失（損失規避），而不願意冒更大的風險去爭取獲益（風險規避）。

普丁與「損失規避」

這有助於理解人們面對風險時的決策心境，甚至預測可能會採取何種策略。例如慘賠的賭徒和打敗仗的領導人，解釋他們為什麼會在極其危險，甚至注定失敗或兩敗俱傷的路線上繼續加碼，孤注一擲。猶如開戰後陷入烏克蘭戰爭泥淖的普丁。

最後則是「損失規避」的更深層意義。前面提及，人在獲得（gain）與損失（loss）等量的情況下，對損失比獲得更敏感。

有趣的是，如果說損失一萬元的痛苦程度，遠遠大過獲得一萬元的快樂，那麼何不把這兩件事一併看待？如果是完全理性的經濟人，的確會這樣想。

然而，康納曼和特維斯基發現，除非事件剛好同時或接續發生，否則人們會有將不同事件或資訊「先分開評價，然後才把效果加總」的心理傾向，而非整體思考。

馬基維利在其名著《君王論》提到：君王施恩於臣子應盡量緩慢但陸續為之，有如大禮物可拆成許多小禮物反而更受歡迎的作法。至於處罰最好則是火速且一次解決。簡單來講，賞的時候要多次賞、慢慢賞，必須處罰的時候最好是一次罰、快快罰。

為什麼呢？理由在於敏感度遞減原理。因為無論是獲得還是損失，「連續發生兩次」的價值總和，都會大於「一次發生兩回」的價值。

以上這些，其實都跟「框架效應」（framing effect）有關。心理學家早已相當熟悉，人的行為會受到框架效應的影響，亦即相同的內容但透過不同的呈現方式，往往會觸發（trigger）或促發（priming）截然不同的情緒反應和行為。人在面對損失和獲得時的不同因應態度，即是明證。

以面臨重症時是否接受開刀的生命難題為例，「九成存活率和一成死亡率」顯然是同一件事，但前者的陳述方式往往會讓更多人選擇開刀。

特別值得一提的是，康納曼他們對框架的說法很特殊。就我所知，至少有兩種看待角度。一個是強調框架效應或其影響，另一個則是把焦點放在「如何對事件施以框架」（how to frame event）的心理過程，特別看重心理主動性。以康納曼的話來說，就是「編輯事件的活動」（activities of editing）。

如前所述，人有將不同事件分開評價的傾向，而非加總後一併看待。塞勒後來提出「心理帳戶」（mental accounting），即受到此一啟發。

例如，很多家庭為了維繫收支平衡，往往會將食衣住行育樂各項支出，根據不同用途刻意區分開來，有如某種心理帳戶。有人甚至把這些不同用途的錢分裝於貼上標籤的糖果罐，而且盡量不要相互融通。

何以難以忽略「沉沒成本」？

換言之，心理帳戶不僅可以有效降低決策複雜度，也可以作為一種克服誘惑的事先防範機制。雖然有時候可能會因此犧牲部分效率和彈性。

傳統經濟學認為，金錢的來源或用途不同，不應成為相互干擾的因素。但行為經濟學則說，事物一旦被辨識、認同，就會產生不同的意義和效果。即使依然是錢（貨幣），也已經無法完全彼此替代（non-fungible）。

更重要的是，「心理帳戶」可用來解釋何以「沉沒成本」（sunk cost）在現實世界仍會影響決策，說明此一古老迷思。簡單來講，到「吃到飽」餐廳消費，很快就會發現沉沒成本仍會起作用。在付了一筆固定費用之後，「不要浪費」的心理就會改變後續的取餐行為。

沉沒成本又稱「既付成本」或「撈不回的成本」。因為在所有想得到的選項裡（去或不去看球賽），沒有一個選項能夠免掉此一成本，所以理論上就不會再對未來決策產生任何影響。

「我和同事弄到兩張在附近城市舉行的職籃賽免費票，但是比賽當天發生了規模不小的暴風雪，於是我們決定放棄這次球賽。我同事說，假如是自掏腰包買這兩張昂貴的門票，我們就應該冒著暴風雪去看球賽。」

如果是自己買的票，很可能就會去？根據傳統經濟學的講法，其實不應該去，因為此時應該考慮的因素是天氣狀況，而不是這筆已經支付的費用。

既然已經付了錢買票，這筆錢就成了「沉沒成本」，按理不應再發揮作用，甚至影響決定。事實上卻不然。為什麼呢？如果是自己掏錢買票（out of pocket），通常會被記為損失，彷彿在心中有個「赤字帳戶」。這必須等到看了球賽之後，心理上此一帳戶才會完全結清。

心理帳戶的講法之妙在於指出，先有創設心理帳戶（mental accounting）過程，然後產生心理帳戶（mental account），最後在帳戶結清時刻，會有一種強烈情緒。

成本效益分析與訴諸損失

看過電影《脫歐之戰》（*Brexit: The Uncivil War*）的人，大概都會對脫歐派為達目的，在決戰前夕祭出「致勝秘訣」那一幕印象深刻。即使是力主暗黑手段的政治公關男主角康柏拜區（Benedict Cumberbatch），竟然也透露出些許不安。

所謂致勝秘訣，就是透過臉書等社群媒體的演算法，鎖定並召喚那些生活過得不如意，向來並不熱中選舉活動的愁苦大軍出來投票。然而大家都心知肚明，英國脫不脫歐，和這群人的生活困頓或改善，關係不大。但對社會疏離的人來說，稍經撩撥，很容易就會贊成脫歐主張，以期「改變現狀」。

針對脫歐公投，留歐派正經八百地提出「成本效益分析」討論架構，脫歐派則刻意不談英國參加歐盟的各種好處，卻大肆強調英國每年繳給歐盟多少錢。更重要的是，如果政府把這筆錢拿來從事社會福利那該有多好。

在很多的政策攻防過程中，訴諸損失或強調後果，往往比單單提及好處或報酬更具有說服力或殺傷力。

另外，改革總會創造出贏家和輸家，而輸家為什麼永遠比贏家更頑強？以傳統的政治經濟學為例，主要乃訴諸「奧爾森不對稱」（Olson Asymmetry）。透過贏家利益和輸家的成本分配，解釋何以贏家多半沉默，但輸家反對的聲浪往往非常巨大。

例如，消費者可從貿易自由化得到好處（更便宜、更多選擇），但為數眾多且集結不易；反觀付出代價的一方，主要是和進口產品競爭的廠商，因家數有限、損失集中，因此更具誘因來從事集結與動員。

如從行為經濟學的角度來看，則更簡單明瞭，因為損失的痛苦程度，遠遠大過得到好處的感受。

專欄八：衛生紙之亂（二〇一八）

二〇一八年三月間台海兩岸各有大事。對岸的中國刻正進行第十三屆中國全國人大會議，修憲廢除國家主席任期限制，以解決習近平「騎虎難下」的困境。台灣則發生衛生紙搶購風波，不僅喧騰一時，更同習大大一起上了國際新聞版面。

當時香港一位主跑兩岸競爭法新聞的記者有感而發地跟我說，看到我們竟然還有閒工夫去理會這種衛生紙小事，一方面羡慕台灣人很幸福，另一方面卻又覺得整件事情很荒謬。

在一個資訊透明的時代，民生必需品供應無虞（國內產能外加進口）的社會裡，按理不應也不必出現搶購現象，顯然事出有因。公平會後來認定此一「市場交易嚴重失序」，乃源於大潤發此一量販事業的「不當行銷」並予以處分。

有意思的是，當時這家事業主動發佈的新聞稿，何以迅速打動人心、引發消費者的心理嚴重焦慮，以致造成價格低廉且供應無虞的衛生紙之搶購風潮？或許可從行為經濟學找到些線索。

以衛生紙之亂為例，雖然衛生紙的售價並不昂貴，一大包不過兩百塊新台幣。如果大潤發（具有一定市場力的大廠商）對外發佈的新聞稿只提到「衛生紙下個月每包將漲價六十塊」，一般消費者也許就會覺得還好，但講成「下個月衛生紙鐵定將大漲三成」，而且還附上賣場架上一空的照片，效果馬上就出現了。

即觸動了心理物理學（psychophysics）所講的最小「可覺差」。亦即重點不在於這六十塊錢，或所謂的「絕對差」，而在於這六十塊錢相對於原先的售價。

換句話說，人們通常不會為了一組高級音響只差六十塊而貨比三家，但根據報載，真的有國人為了衛生紙可能將漲六十塊而開賓士車去搶購。

根據行為經濟學的講法，消費者的決定常常受限於經驗法則或捷思，導致市場對廠商行為的約束（disciplining）角色逐漸弱化。

特別是在網購時代，廠商往往會透過巧妙的定價設計，逐步誘引消費者從事無謂的消費，並從中榨取更多的利潤，同時鞏固其市場優勢地位。重點在於，廠商對精明的消費者和容易被誤導的消費者能夠有所區分，進而改變其訂價行為。此一「需求面」視角，可說豐富了傳統競爭法機關，以往只聚焦廠商家數、市占率或進入障礙等「供給面」執法視野。

延伸閱讀

《不當行為》，理查・塞勒（Richard H. Thaler），先覺出版，二〇一六。

後記

經濟學家並沒有證照可拿

慢郎中能夠完成一本書，其中必有緣故。這次主要是受到過去三年疫情（二〇二〇～二〇二二）的影響，社交活動減少之餘，容有更多思考和處理文字的時間。所有在這段期間產生或完成的事物，應該多少都帶點天賜成分。

有人說，人終其一生，都在和單調乏味或無趣對抗。縱使擁有再多的金錢和成就，一旦達到目的之後，也難以擺脫此一宿命。幸好，年輕時候因早早即懷有「主筆之夢」，主動學習、大量閱讀並勤於寫作不僅是必備條件，後來更意外地成為對抗虛無和安度不順遂的利器。如果說，截至目前我的人生還稍具生命力和想像力的話，這個夢想的潛在引導允為關鍵。

讓熟悉的再度陌生，讓陌生的再度熟悉。有一次讀到倫敦《金融時報》專欄作家吉蓮・泰特（Gillian Tett）的這句話，頗有所感。泰特是個人類學博士，卻以見解深刻的財經評論和報導聞名於世。原意在於指出，我們看待事情可以有兩個角度，讓熟悉的再度陌生宛如「鳥瞰」，讓陌生的再度熟悉則像「蟲之爬行」，兩相搭配視角才會完整。我的看法則是，前半句在講理論，後半句意指實證。如進一步引申，世上不應有太多枯燥的事，只有視角和視野貧乏的問題。

還記得開始構思本書的時候，一度把書名訂為「終日說龍肉」，自嘲所談盡唱高調，恐怕無法端出大家比較熟悉，而且容易入口的「豬肉」。龍肉與豬肉之說，出自蘇東坡。後來經同為「東粉」的木馬文化社長蕙慧姊提醒方才作罷。她認為我對公共事務的熱情和關心很入世，以經濟學作為公共論辯基礎的分析角度尤其實用。「美而真飽豬肉也」，何來龍肉？書中很多針對台灣本土議題的思索痕跡更是彌足珍貴。

經濟學究竟在談什麼？除了有助於聊天和看報紙之外，經濟學有何用處？常有人問我這些問題。現在既然已經到了書的最後一哩路，不妨就用比較特別的方式來說明。

德語的經濟學 Volkswirtschaftslehre（VWL），又叫做「國民經濟學」。主要在處理人民的主觀欲求和客觀物質條件之間的差距問題，也可以理解為教人如何經營（run）一個國家。所以其思考方式和企業管理旨在經營一家公司迥然不同。例如企業如果經營不善，往往必須撙節支出，但對國家而言，有時候反倒需要藉由增加支出來刺激或調控經濟活動。

另以錢（money）來說，在總體經濟學家眼中就成了「貨幣」或「通貨」（currency），並具有交易、儲值和作為計價單位等功能。神奇的是，貨幣它並非生物，卻會自我膨脹（透過銀行等信用體系），甚至繁衍「子孫」，譬如利息。即使要討論時下正夯的虛擬或加密貨幣（Cryptocurrency），也都必須從貨幣的這些基本特質開始談起。

如果再想得更透徹一點，人類社會正由於貨幣的出現，得以超越以物易物的侷限，使得勞動分工和專業化成為可能，並大幅提高生產力。事實上，技術進步和國際貿易也有類似功能。

那麼為什麼提高生產力（經濟效率、資源配置）這件事很重要？因為這樣我們才有更多的時間或空間去冥想、下棋、聽音樂、從事藝術創作，乃至社交活動等任何更有趣或有意義的事。不難明白了吧？何以有人會把經濟學家稱為「俗世哲學家」（worldly philosopher）。

俗世二字用得頗妙，因為無論是在天堂或地獄，由於並沒有其他可能性，自然不用傷腦筋做選擇。道理雷同，對只一不二，完全獻身於哲學、藝術或神的人來說，因為大致已經放棄選擇，所以同樣也不太需要經濟學。

換句話說，只要仍有選擇機會，如何透過機會成本、邊際原則（成本和效益）和經濟誘因等三大分析工具，對既有方案提出對案，經濟學可說妙用無窮。特別是在公共政策領域，面對千絲萬縷的細節和資訊，經濟學作為篩選判別或「解碼密鑰」（deciphering key）的功能，仍然非常強大。退一步言，最起碼也可以幫助人們分辨很多經濟口號和政策真偽。

有趣的是，作為商業和知識文明的火焰看守者，經濟學家並沒有證照可拿，一如醫師、藥師、律師、會計師等專門職業。主要原因何在？且來聽聽凱因斯在一九二四年的一篇文章裡如何解釋，其實也是他心目中對理想經濟學家所開出的條件。

偉大的經濟學家必須是各種天賦的罕見組合
某種程度他（她）必須是數學家、歷史學家、政治家與哲學家
他（她）必須懂得數學符號並能夠以文字來加以說明
他（她）必須從一般的觀點來思索特殊的部分
敏捷的心思要能同時抓得住具體和抽象的事物
他（她）必須以古鑑今並放眼未來
人類的本質或社會組織都不能放過
他（她）必須有所打算同時卻要保持超脫
如藝術家般的孤高與廉潔
有時也要跟政治家一樣
儘可能接近俗世

對上述這些條件心嚮往之。這段引文同時也說明了何以經濟學家不容易擁有執照。

最後，由於我近來正在努力研究脫口秀（部分原因乃受烏克蘭總統澤倫斯基的啟發），且用一則我很喜歡的笑話作為本書的結尾，博君一粲。

有個人向精神科醫師抱怨說：「醫生，我老哥說他自己是一隻母雞耶，甚至常在我面前走來走去，像母雞般地咯咯叫……。」

是喔，那你為什麼不直接告訴哥哥真相，他並不是一隻母雞呢？

「那怎麼行，這樣我老哥就不會每天給我一顆雞蛋了。」

這則笑話和經濟學有關嗎？有的，有時候沉默可作為一種生產函數。

Belong 12

隱藏的說客：

一名經濟學家與台灣經濟安全、公平、成長的探索之旅

作者——洪財隆
執行長——陳蕙慧
總編輯——張惠菁
責任編輯——林立恆
行銷總監——陳雅雯
行銷企劃——余一霞、林芳如
封面設計——盧卡斯工作室
排版——宸遠彩藝

社長——郭重興
發行人——曾大福
出版——衛城出版／遠足文化事業股份有限公司
發行——遠足文化事業股份有限公司
地址——二三一四一　新北市新店區民權路一〇八－二號九樓
電話——〇二－二二一八一四一七
傳真——〇二－二二一八〇七二七
客服專線——〇八〇〇－二二一〇二九
法律顧問——華洋法律事務所　蘇文生律師
印刷——呈靖彩藝有限公司
初版一刷——二〇二三年二月
定價——三五〇元

ISBN：9786267052679（紙本）
9786267052662（EPUB）
9786267052655（PDF）

ACRO POLIS 衛城

EMAIL　acropolismde@gmail.com
FACEBOOK　www.facebook.com/acrolispublish

國家圖書館出版品預行編目資料

隱藏的說客：
一名經濟學家與台灣經濟安全、公平、成長的探索之旅
洪財隆著. -- 初版. -- 新北市：衛城出版，遠足文化事業股份有限公司，2023.02
面； 公分. -- (Belong；12)
ISBN 978-626-7052-67-9（平裝）

1. 經濟學 2. 臺灣經濟

552.33 111022012

● 親愛的讀者你好，非常感謝你購買衛城出版品。
我們非常需要你的意見，請於回函中告訴我們你對此書的意見，
我們會針對你的意見加強改進。

若不方便郵寄回函，歡迎傳真回函給我們。傳真電話 —— 02-2218-0727

或上網搜尋「衛城出版FACEBOOK」
http://www.facebook.com/acropolispublish

● 讀者資料

你的性別是 □ 男性 □ 女性 □ 其他

你的職業是 ______________________ 你的最高學歷是 ______________________

年齡 □ 20 歲以下 □ 21-30 歲 □ 31-40 歲 □ 41-50 歲 □ 51-60 歲 □ 61 歲以上

若你願意留下 e-mail，我們將優先寄送 ______________________ 衛城出版相關活動訊息與優惠活動

● 購書資料

● 請問你是從哪裡得知本書出版訊息？（可複選）
□ 實體書店 □ 網路書店 □ 報紙 □ 電視 □ 網路 □ 廣播 □ 雜誌 □ 朋友介紹
□ 參加講座活動 □ 其他 __________

● 是在哪裡購買的呢？（單選）
□ 實體連鎖書店 □ 網路書店 □ 獨立書店 □ 傳統書店 □ 團購 □ 其他 __________

● 讓你燃起購買慾的主要原因是？（可複選）
□ 對此類主題感興趣
□ 覺得書籍設計好美，看起來好有質感！
□ 議題好熱，好像很多人都在看，我也想知道裡面在寫什麼
□ 其他 __________
□ 參加講座後，覺得好像不賴
□ 價格優惠吸引我
□ 其實我沒有買書啦！這是送（借）的

● 如果你覺得這本書還不錯，那它的優點是？（可複選）
□ 內容主題具參考價值 □ 文筆流暢 □ 書籍整體設計優美 □ 價格實在 □ 其他 __________

● 如果你覺得這本書讓你好失望，請務必告訴我們它的缺點（可複選）
□ 內容與想像中不符 □ 文筆不流暢 □ 印刷品質差 □ 版面設計影響閱讀 □ 價格偏高 □ 其他 __________

● 大都經由哪些管道得到書籍出版訊息？（可複選）
□ 實體書店 □ 網路書店 □ 報紙 □ 電視 □ 網路 □ 廣播 □ 親友介紹 □ 圖書館 □ 其他 ______

● 習慣購書的地方是？（可複選）
□ 實體連鎖書店 □ 網路書店 □ 獨立書店 □ 傳統書店 □ 學校團購 □ 其他 __________

● 如果你發現書中錯字或是內文有任何需要改進之處，請不吝給我們指教，我們將於再版時更正錯誤

請沿虛線剪下

廣　告　回　信
臺灣北區郵政管理局登記證
第 1 4 4 3 7 號

請直接投郵•郵資由本公司支付

23141
新北市新店區民權路108-2號9樓

衛城出版 收

● 請沿虛線對折裝訂後寄回，謝謝！

ACROPOLIS 衛城出版

Belong

12
共同體進行式